GRAMMAIRE

FRANÇAISE.

A PARIS,

CHEZ

BELIN-MANDAR ET DEVAUX, à la Librairie classique élémentaire, rue Saint-André des Arcs, n.° 55.

LETELLIER fils, Libraire, rue Traversière Saint-Honoré, n.° 25.

GRAMMAIRE

FRANÇAISE

ÉLÉMENTAIRE,

INSTITUTEUR.

Plus apud nos ratio valeat, quàm vulgi opinio. Cic.
La raisou doit avoir sur nous plus d'empire que l'opinion du vulgaire.

LILLE.

BRONNER - BAUWENS, LIBRAIRE,
RUE ESQUERMOISE, N.º 35.

1828.

DÉDICACE

A MES JEUNES ÉLÈVES.

JEUNES gens confiés à ma sollicitude, c'est au milieu du débordement de toutes les passions, quand l'envie condamne tout ce qui est digne d'éloge et flétrit de son souffle brûlant tout ce qui dévoile, et anéantit sa faiblesse, que j'ose reconnaître mon devoir; et aplanir, à l'ardeur de votre émulation, les premiers éléments qui peuvent un jour orner votre esprit : car, on ne saurait se le dissimuler, la langue maternelle est la science qui doit occuper nos premières études. Ce principe ne m'a point échappé, et ce n'est que dans l'intime conviction, que, frappé au coin de la vraisemblance, il est capable d'enlever les suffrages des hommes éclairés, que je viens offrir, chers élèves, à votre gratitude, le tribut de mes soins, et le gage assuré de mon zèle pour votre avancement.

Hautefeuille-Guilbert.

Instituteur, à S.t-Folquin (Pas-de-Calais).

PRÉFACE.

Livré dès l'âge de quinze ans, à l'éducation de la jeunesse, je ne tardai point à sentir combien étaient grands les soins que réclamait de mon zèle la tâche que je m'étais volontairement imposée. Le désir de marcher glorieusement dans la carrière que j'allais parcourir, fut toujours mon unique ambition; aussi l'étude occupa-t-elle constamment mes loisirs. Persuadé que la langue française est la première connaissance que doive posséder un Instituteur, je méditai longtemps les écrivains célèbres en ce genre, je suivis leurs traces, et bientôt s'ouvrit devant moi un champ vaste, où je fis une ample récolte des plus beaux fruits, dont je confiai le dépôt à ma mémoire; enfin, nourri des meilleurs principes, mon esprit les changea en sa propre substance, et ce n'est qu'après m'être enrichi de ces trésors, qu'après avoir puisé des traits de lumière aux sources les plus pures; que, sans trop consulter mes forces, j'osai (peut-être témérairement) former le projet dont je présente aujourd'hui l'exécution.

Offrir un ouvrage au public, c'est le mettre entre les mains de la censure, je ne l'ignore pas; mais cette considération m'a paru trop faible pour que le dessein d'être utile, et surtout d'aider à l'avancement de mes élèves, fut abandonné. Ma résolution était prise, elle m'a semblé noble, je l'ai poursuivie. Puissé-je ne point m'être égaré dans les voies de la présomption! Puissé-je voir cette entreprise couronnée de quelques succès, et je me tiendrai suffisamment payé de mon travail!

GRAMMAIRE FRANÇAISE.

PREMIÈRE PARTIE.

DE LA CONNAISSANCE DES MOTS.

ARTICLE PREMIER.

De la Grammaire, des Mots, des Syllabes et des Lettres.

Le mot *grammaire* selon son étymologie grecque (gramma), signifie *caractères d'écritures*. — Je dirai par extension, que la grammaire est l'art de traiter méthodiquement les principes généraux d'une langue.

Une langue est composée de mots, qui servent à exprimer nos pensées, par la parole ou par l'écriture.

Les mots sont composés de syllabes, les syllabes sont composées de lettres.

La langue française distingue deux sortes de lettres : les voyelles et les consonnes.

Les voyelles sont *a*, *e*, *i*, *o*, *u*, et *y*. Elles sont ainsi appelées, parce que seules elles forment un son de voix.

Les consonnes (*sonare cum*) sont *b*, *c*, *d*, *f*, *g*, *h*, *j*, *k*, *l*, *m*, *n*, *p*, *q*, *r*, *s*, *t*, *v*, *x*, *z*. On leur donne le nom de consonnes, parce qu'elles ne peuvent former un son de voix sans le secours des voyelles : par exemple, dans *b*, *p*, *t*, l'on fait sonner la voyelle *é*, dans *k* la voyelle *a*, etc.

Des diphthongues.

La diphthongue est une réunion de voyelles qui forment un double son de voix, par une seule émission, comme *ia*, dans *diamant*; *iai*, dans *niais*; *ie*, dans *fiel*; *ieu*, dans *Dieu*; *io*, dans *fiole*; *oi*, dans *poire*; *oui*, dans *cambouis*; *oue*, dans *ouest*; *oua*, dans *jouan*; *ua*, dans *quadruple*; *ue*, dans *écuelle*; *ui*, dans *Juillet*, etc.

Il n'y a point de triphthongues dans la langue française; parce qu'il n'y a aucune syllabe qui forme trois sons de voix.

Des parties du discours.

Il y a, dans la langue française, huit sortes de mots, qu'on appèle *parties du discours*, savoir : le *substantif*, l'*attribut*, le *verbe*, le *participe*, le *surattribut*, le *déterminatif*, le *conjonctif* et l'*exclamatif*.

ARTICLE II.

LE SUBSTANTIF (1).

Le substantif est un mot variable qui sert à désigner une personne ou une chose. *Homme*, *cheval*, *maison*, *chaise*, sont des substantifs *sensibles*; parce qu'ils servent à dénommer des objets qui frappent nos sens. *Vertu*, *douceur*, *pitié*, sont aussi des substantifs; on les nomme substantifs *idéaux*; parce qu'ils indiquent des objets qui ne s'aperçoivent pas; ces objets n'existent que dans l'idée.

Il y a, dans les substantifs, deux genres : le *masculin* et le *féminin*; deux nombres : le *singulier* et le *pluriel*.

Un substantif est au genre *masculin*, quand l'objet, qu'il désigne, est mâle ou est supposé l'être, comme un *homme*, un *livre*.

Un substantif est au genre *féminin*, quand l'objet, qu'il désigne, est femelle ou est supposé l'être, comme une *femme*, une *table*.

Un substantif est au nombre *singulier*, quand on ne parle que d'un seul objet, comme un *prince*, une *affaire*; au nombre *pluriel*, quand on parle de plusieurs objets, comme des *princes*, des *affaires*.

On distingue quatre sortes de substantifs : le substantif *commun* ou *appellatif*, le substantif

(1) Ou *Nom*.

propre ou *individuel*, le substantif *indéfini* et le substantif *relatif* ou *personnel*.

Le substantif *commun* convient à tous les objets de la même nature, comme *homme*, *femme*, *maison*, *table*, etc.

Le substantif *propre* ne convient qu'à un seul objet, comme *Charles*, *Philippe*, *Bruges*, *Gravelines*, *l'Aa*, *la Seine*, qui ne désignent chacun, en particulier, qu'une personne, qu'une ville, qu'un fleuve.

Le substantif *indéfini* offre, d'une manière vague, l'idée d'un ou de plusieurs objets; tels sont les mots *quelqu'un*, *chacun*, *ce* (signifiant chose), *ceci*, *cela*, *on*, *personne*, *quiconque*, *autrui*, *rien*, *quoi*, *il* (signifiant *ceci*), *le* (signifiant *cela*), et *qui* et *que* lorsqu'ils servent à interroger.

La plupart des substantifs indéfinis n'ont pas de pluriel (1).

Le substantif *relatif* ou *personnel* réveille l'idée d'un autre substantif.

EXEMPLE :

Votre attente, ô grand *Roi*, ne sera point trompée,
Lui répondit *Turenne* embrassant ses genoux :
*J'*en atteste ce fer et *j'*en jure par *vous*.

Les substantifs relatifs *lui* et *vous* rappèlent l'idée de *Roi*, et les substantifs relatifs *j'* et *j'* pour *je*, rappèlent l'idée de *Turenne*.

Les substantifs *relatifs* ou *personnels* ont trois personnes; la première est celle qui parle, la se-

---

(1) La plupart des substantifs *indéfinis*, sont appelés communément *pronoms indéfinis*.

conde est celle à qui l'on parle, et la troisième est celle de qui l'on parle, comme *j'écris*, *tu écris*, *il écrit*.

Les substantifs relatifs sont : *Moi*, *toi*, *soi*, *il*, *lui*, *le*, *celui*, *quel*, *qui*, *que*, *dont*, *mien*, *tien*, *sien*, *nôtre*, *vôtre*, *leur* (1).

ARTICLE III.

L'ATTRIBUT (2).

L'ATTRIBUT détermine ou qualifie le substantif.

On distingue deux sortes d'attributs : les attributs *déterminatifs* et les attributs *qualificatifs*.

Les attributs *déterminatifs* servent à déterminer les substantifs. Quand on dit : *Donnez-moi ce livre*, l'on détermine le substantif *livre* en le montrant ; ce est donc un attribut déterminatif.

Les attributs déterminatifs sont : *Le*, *un*, *ce* ou *cet*, *mon*, *ton*, *son*, *notre*, *votre*, *leur*, *quel*,

(1) Les substantifs relatifs sont appelés vulgairement *pronoms*. Le mot *pronom*, selon son étymologie (*pro nomine*), signifie pour le nom. C'est donc à tort que l'on a appelé *pronoms* cette espèce de mots, puisqu'elle ne fait que représenter le substantif ou nom. Exemple : *Pierre se promène*. Cette phrase équivaut à celle-ci : *Pierre soi promène*. Si *se* tenait la place de *Pierre*, l'on pourrait dire : *Pierre Pierre promène*. Cette phrase serait vide de sens.

(2) Une foule de grammairiens font connaître l'attribut sous le nom d'adjectif. Il est aisé de sentir combien est vague cette dénomination. *Adjectif* (*jungere ad*) signifie *joint à* ; or, je demande si, pour exprimer des pensées, pour former le sens d'une phrase, tous les mots ne sont pas ajoutés les uns aux autres ? ce mot *Adjectif* ne présente donc aucune signification.

quelque, *tout*, *certain*, *nul*, *chaque*, *plusieurs*, *aucun*, *quelconque* (1).

Les mots *un*, *deux*, *trois*, *quatre*, *cinq*, *dix*, *vingt*, *cent*, *mille*, etc., qu'on appèle adjectifs numéraux, sont aussi des attributs déterminatifs.

L'attribut qualificatif marque la qualité du substantif. Exemple : *Bon père, tendre mère*. Les mots *bon*, *tendre*, qualifient *père*, *mère*; ce sont donc des attributs qualificatifs.

Les attributs ont les deux genres et les deux nombres (2).

DEGRÉS DE SIGNIFICATION DANS LES ATTRIBUTS QUALIFICATIFS.

L'on reconnaît dans les attributs qualificatifs, trois degrés de signification : le *positif*, le *comparatif* et le *superlatif*.

Le *positif* n'est autre chose que l'attribut qualificatif même, comme *bon*, *précieux*.

Le *comparatif* oppose un objet à un autre, et indique : 1.° La *supériorité*, comme *Pierre est* plus savant que *Paul*. 2.° L'*infériorité*, comme *Pierre est* moins, n'*est* pas aussi savant que *Paul*. 3.° L'*égalité*, comme *Pierre est* aussi savant que *Paul*.

Meilleur, au lieu de *plus bon* qui ne se dit pas;

---

(1) Les attributs *déterminatifs*, *le*, *un*, sont ordinairement nommés *articles* ; *ce*, est appelé *adjectif pronominal démonstratif*, ou *pronom démonstratif*; *mon*, *ton*, *son*, *notre*, *votre*, *leur*, sont appelés *adjectifs pronominaux possessifs*, ou *pronoms possessifs*; *quel* est nommé *adjectif pronominal absolu*, ou *pronom absolu*; *quelque*, *tout*, *certain*, *nul*, *chaque*, *plusieurs*, *aucun*, *quelconque*, sont appelés *adjectifs pronominaux indéfinis*, ou *pronoms indéfinis*.

(2) Les attributs qualificatifs sont nommés vulgairement *adjectifs*.

pire, au lieu de *plus mauvais*; *moindre*, au lieu de *plus petit*, marquent seuls une comparaison (1).

Le *superlatif* exprime la qualité au suprême degré, comme : *un homme* très-bon, fort honnête, extrêmement poli, bien poli, bien habile, alors c'est un *superlatif absolu*; ou *cet homme est* le plus riche, le plus savant *de tous les hommes*, et c'est ce qu'on appèle *superlatif*.

ARTICLE IV.

LE VERBE.

Le verbe est un mot variable qui exprime l'affirmation ; ainsi, quand on dit : *l'homme vertueux* est *aimable*. Le verbe *est* affirme que la qualité d'*aimable* convient à l'homme vertueux.

Il n'y a, à proprement parler, qu'un verbe ; ce verbe est le mot *être* ; parce qu'il n'y a que lui qui marque l'affirmation.

Les autres mots qu'on s'obstine à vouloir appeler *verbes*, ne sont que des *attributs combinés*, c'est-à-dire, des mots qui renferment le verbe (être) et un attribut. Ainsi *chanter*, *manger*, *danser*, *jouer*, sont employés pour *être chantant*, *mangeant*, *dansant*, *jouant*.

---

(1) On sait que les adjectifs latins *bonus*, *malus*, font au comparatif *melior*, *pejor*; peut-être est-ce pour rendre hommage à cette langue des anciens, dont notre idiôme est dérivé, que nous avons conservé cette exception, traduite par nous littéralement.

Observation. Lorsque le mot *être* signifie *exister*, comme quand on dit : *Cela est, Dieu est*, on sous-entend alors l'attribut *existant*. Le verbe *être* doit ici être regardé comme un attribut combiné.

Le verbe (*être*) est appelé verbe *substantif*, *simple* et *abstrait*. Les attributs combinés sont nommés par la plupart des grammairiens verbes *adjectifs*, *attributs* et *concrets*.

On distingue cinq sortes d'attributs combinés, qui sont :

1.° L'attribut combiné actif qui marque une action produite par le sujet, et après lequel on peut mettre *quelqu'un* ou *quelque chose*. *Haïr*, *apercevoir*, sont des attributs combinés actifs, parce qu'on peut dire *haïr quelqu'un*, *apercevoir quelque chose*.

2.° L'attribut combiné passif, qui marque une action soufferte ou reçue par le sujet. Ce n'est autre chose que le verbe (être) et le participe passé d'un attribut combiné actif, comme *être aimé*, *être averti*, etc.

3.° L'attribut combiné neutre, qui ne marque aucune action faite ni produite par le sujet, et après lequel on ne peut pas placer *quelqu'un*, *quelque chose* ; comme *dormir*, *mourir*, etc.

4.° L'attribut combiné réfléchi qui exprime une action qui retombe ou directement ou indirectement sur le sujet qui la fait ; comme *ma fille* s'est coupée *au doigt*, *ma fille* s'est coupé *le doigt*. Dans le premier cas l'attribut combiné doit s'appeler *réfléchi direct*, dans le second cas, *réfléchi indirect* (1).

(1) Plusieurs grammairiens parlent des attributs combinés réfléchis directs et indirects, sous les noms de verbes *réfléchis*, *réciproques*, *pronominaux actifs* et *pronominaux passifs*.

5.° L'attribut combiné impersonnel ou unipersonnel, qui ne s'emploie qu'à la troisième personne du singulier; comme, *il faut, il pleut*.

Dans le verbe et dans les attributs combinés, on compte des nombres, des personnes, des temps et des modes.

Il y a deux nombres; le singulier, quand on parle de l'action ou de l'état d'un seul objet; comme *je travaille, il étudie*. Le pluriel, quand on parle de l'action ou de l'état de plusieurs objets; comme *nous travaillons, ils étudient*.

Nous avons trois personnes, la première est celle qui parle, comme *j'étudie, nous travaillons*; la seconde, celle à qui l'on parle, comme, *tu étudies, vous travaillez*; la troisième, celle de qui l'on parle, comme, *il* ou *elle étudie, ils* ou *elles étudient*.

Il y a trois temps : le présent qui marque que l'action est ou se fait actuellement, comme *je suis, il écrit*; le passé, qui marque que l'action a été faite, comme *je fus, ils écrivirent*; et le futur, qui marque que l'action sera ou se fera, comme *je serai, ils écriront*.

On distingue cinq modes : l'*indicatif*, le *conditionnel, l'impératif*, le *subjonctif* et *l'infinitif*.

Le mode *indicatif* embrasse le présent, le passé et le futur. Il a huit temps : le présent, l'imparfait, le passé défini, le passé indéfini, le passé antérieur, le plusque-parfait, le futur simple et le futur composé.

Le présent marque qu'une chose est ou se fait au moment même qu'on parle : *Je suis, ces enfants jouent*.

L'imparfait indique qu'une chose se faisait dans

le même temps qu'une autre s'est faite : *J'écrivais quand vous êtes entré.*

Le passé défini exprime une action faite dans un temps entièrement écoulé : *Je fus hier bien malade, je travaillai beaucoup l'année dernière.*

Le passé indéfini énonce une chose faite dans un temps passé; mais qui n'est pas entièrement écoulé : *J'ai été malade ce matin, ce mois-ci,* etc. On peut s'en servir pour un temps entièrement écoulé, et dire : *J'ai été malade la semaine passée.*

Le passé antérieur marque une chose faite avant une autre, qui se fit dans un temps entièrement écoulé; il est ordinairement précédé des mots *quand* ou *lorsque* : *Quand je fus arrivé à Paris, je me reposai.*

Le plusque-parfait marque également une chose faite, avant une autre, qui se fit dans un temps entièrement passé : il est ordinairement suivi des mots *quand* ou *lorsque* : *J'avais fini mon devoir, quand le maître est rentré.*

Le futur simple indique une chose qui sera ou se fera : *Il mourra, j'irai à Saint-Omer.*

Le futur composé marque une chose qui doit se passer avant une autre : *Quand j'aurai travaillé, je me reposerai.*

Le mode conditionnel exprime une chose qui serait ou se ferait, qui aurait été ou se serait faite, moyennant certaine condition. Il a deux temps : Le présent: *Je travaillerais, si je n'étais pas malade.* Le passé : *J'aurais travaillé, si j'avais été en bonne santé.*

Le mode impératif marque le commandement; il n'a qu'un temps qui est le présent ou futur : *Allez-là, venez-ici.*

Le mode subjonctif marque le doute, le souhait, la crainte, etc. Il a quatre temps : 1.° Le présent ou futur : *Je doute qu'il vienne.* 2.° L'imparfait: *Il fallait qu'ils vinssent.* 3.° Le passé: *Il a fallu que vous soyez venu.* 4.° Le plusque-parfait: *Il aurait fallu que vous fussiez venu.*

Le mode infinitif exprime l'état ou l'action, en général, sans nombre, ni personne. Il a cinq temps: 1.° Le présent : *Je dois travailler.* 2.° Le passé : *Après avoir travaillé, il se promena.* 3.° Le participe présent : *J'ai rencontré des personnes pleurant notre feu Roi.* 4.° Le participe passé : *C'est un père chéri et respecté de ses enfants.* 5.° Le participe futur: *Devant aller à Saint-Omer, je me propose de passer chez vous.*

Conjuguer le verbe (être) ou un attribut combiné, c'est énoncer toutes leurs terminaisons.

Il y a dans les attributs combinés quatre conjugaisons différentes, que l'on distingue par la terminaison du présent de l'infinitif. La première est terminée en *er*, la seconde, en *ir*, la troisième, en *oir*, et la quatrième, en *re*.

Je vais d'abord conjuguer le verbe (être) et l'attribut combiné *avoir* (que l'on peut nommer *auxiliaire;* parce qu'ils servent à conjuguer tous les autres attributs combinés). Ensuite je donnerai le modèle des quatre autres conjugaisons d'attributs combinés.

ARTICLE V.

CONJUGAISON DU VERBE (ÊTRE).

INDICATIF.

Présent.

Sing. Je suis.
Tu es.
Il *ou* elle est.
Plur. Nous sommes.
Vous êtes.
Ils *ou* elles sont.

Imparfait.

J'étais.
Tu étais.
Il était.
Nous étions.
Vous étiez.
Ils étaient.

Passé défini.

Je fus.
Tu fus.
Il fut.
Nous fûmes.
Vous fûtes.
Ils furent.

Passé indéfini.

J'ai été.
Tu as été.
Il a été.
Nous avons été.
Vous avez été.
Ils ont été.

Passé antérieur.

J'eus été.
Tu eus été.
Il eut été.
Nous eûmes été.
Vous eûtes été.
Ils eurent été.

Plusque-Parfait.

J'avais été.
Tu avais été.
Il avait été.
Nous avions été.
Vous aviez été.
Ils avaient été.

Futur simple.

Je serai.
Tu seras.
Il sera.
Nous serons.
Vous serez.
Ils seront.

Futur composé.

J'aurai été.
Tu auras été.
Il aura été.
Nous aurons été.
Vous aurez été.
Ils auront été.

CONDITIONNELS.

Présent.

Je serais.
Tu serais.
Il serait.
Nous serions.
Vous seriez.
Ils seraient.

Passé.

J'aurais été.
Tu aurais été.
Il aurait été.
Nous aurions été.
Vous auriez été.
Ils auraient été.
On dit aussi :
J'eusse été.
Tu eusses été.
Il eût été.
Nous eussions été.
Vous eussiez été.
Ils eussent été.

IMPÉRATIF.

Sois.
Soyons.
Soyez.

SUBJONCTIF.

Présent ou Futur.

Que je sois.
Que tu sois.
Qu'il soit.
Que nous soyons.
Que vous soyez.
Qu'ils soient.

Imparfait.

Que je fusse.
Que tu fusses.
Qu'il fût.
Que nous fussions.
Que vous fussiez.
Qu'ils fussent.

Passé.

Que j'aie été.
Que tu aies été.
Qu'il ait été.
Que nous ayons été.
Que vous ayez été.
Qu'ils aient été.

Plusque-Parfait.

Que j'eusse été.
Que tu eusses été.
Qu'il eût été.
Que nous eussions été.
Que vous eussiez été.
Qu'ils eussent été.

INFINITIF.

Présent.

Être.

Passé.

Avoir été.

PARTICIPES.

Présent.

Etant.

Passé.

Ayant été.

Futur.

Devant être.

CONJUGAISON DE L'ATTRIBUT COMBINÉ AVOIR.

INDICATIF.

Présent.

Sing. J'ai.
Tu as.
Il *ou* elle a.
Plur. Nous avons.
Vous avez.
Ils *ou* elles ont.

Imparfait.

J'avais.
Tu avais.
Il avait.
Nous avions.
Vous aviez.
Ils avaient.

Passé défini.

J'eus.
Tu eus.
Il eut.
Nous eûmes.
Vous eûtes.
Ils eurent.

Passé indéfini.

J'ai eu.
Tu as eu.
Il a eu.
Nous avons eu.
Vous avez eu.
Ils ont eu.

Passé antérieur.

J'eus eu.
Tu eus eu.
Il eut eu.
Nous eûmes eu.
Vous eûtes eu.
Ils eurent eu.

Plusque Parfait.

J'avais eu.
Tu avais eu.
Il avait eu.
Nous avions eu.
Vous aviez eu.
Ils avaient eu.

Futur simple.

J'aurai.
Tu auras.
Il aura.
Nous aurons.
Vous aurez.
Ils auront.

Futur composé.

J'aurai eu.
Tu auras eu.
Il aura eu.
Nous aurons eu.
Vous aurez eu.
Ils auront eu.

CONDITIONNELS.

Présent.

J'aurais.
Tu aurais.
Il aurait.
Nous aurions.
Vous auriez.
Ils auraient.

Passé.

J'aurais eu.
Tu aurais eu.
Il aurait eu.
Nous aurions eu.
Vous auriez eu.
Ils auraient eu.

On dit aussi :

J'eusse eu.
Tu eusses eu.
Il eût eu.
Nous eussions eu.
Vous eussiez eu.
Ils eussent eu.

IMPERATIF.

Aie.
Ayons.
Ayez.

SUBJONCTIF.

Présent ou *Futur.*

Que j'aie.
Que tu aies.
Qu'il ait.
Que nous ayons.
Que vous ayez.
Qu'ils aient.

Imparfait.

Que j'eusse.
Que tu eusses.
Qu'il eût.
Que nous eussions.
Que vous eussiez.
Qu'ils eussent.

Passé.

Que j'aie eu.
Que tu aies eu.
Qu'il ait eu.
Que nous ayons eu.
Que vous ayez eu.
Qu'ils aient eu.

Plusque-Parfait.

Que j'eusse eu.
Que tu eusses eu.
Qu'il eût eu.
Que nous eussions eu.
Que vous eussiez eu.
Qu'ils eussent eu.

INFINITIF.

Présent.

Avoir.

Passé.

Avoir eu.

PARTICIPES.

Présent.

Ayant.

Passé.

Eu, eue, ayant eu.

Futur.

Devant avoir.

ATTRIBUTS COMBINÉS RÉGULIERS.

1.re CONJUGAISON. EN ER.	2.me CONJUGAISON. EN IR.	3.me CONJUGAISON. EN OIR.	4.me CONJUGAISON. EN RE.
	INDICATIF. PRÉSENT.		
Je demande.	Je finis.	Je reçois.	Je rends.
Tu demandes.	Tu finis.	Tu reçois.	Tu rends.
Il demande.	Il finit.	Il reçoit.	Il rend.
Nous demandons.	Nous finissons.	Nous recevons.	Nous rendons.
Vous demandez.	Vous finissez.	Vous recevez.	Vous rendez.
Ils demandent.	Ils finissent.	Ils reçoivent.	Ils rendent.
	IMPARFAIT.		
Je demandais.	Je finissais.	Je recevais.	Je rendais.
Tu demandais.	Tu finissais.	Tu recevais.	Tu rendais.
Il demandait.	Il finissait.	Il recevait.	Il rendait.
Nous demandions.	Nous finissions.	Nous recevions.	Nous rendions.
Vous demandiez.	Vous finissiez.	Vous receviez.	Vous rendiez.
Ils demandaient.	Ils finissaient.	Ils recevaient.	Ils rendaient.
	PASSÉ DÉFINI.		
Je demandai.	Je finis.	Je reçus.	Je rendis.
Tu demandas.	Tu finis.	Tu reçus.	Tu rendis.
Il demanda.	Il finit.	Il reçut.	Il rendit.
Nous demandâmes.	Nous finîmes.	Nous reçûmes.	Nous rendîmes.
Vous demandâtes.	Vous finîtes.	Vous reçûtes.	Vous rendîtes.
Ils demandèrent.	Ils finirent.	Ils reçurent.	Ils rendirent.

PASSÉ INDÉFINI.

J'ai demandé. Tu as demandé. Il a demandé. Nous avons demandé. Vous avez demandé. Ils ont demandé.	Fini.	Reçu.	Rendu.

PASSÉ ANTÉRIEUR.

J'eus demandé. Tu eus demandé. Il eut demandé. Nous eûmes demandé. Vous eûtes demandé. Ils eurent demandé (1).	Fini.	Reçu.	Rendu.

(1) Il y a un quatrième passé dont on se sert rarement, le voici.

PASSÉ ANTÉRIEUR INDÉFINI.

J'ai eu demandé. Tu as eu demandé. Il a eu demandé. Nous avons eu demandé. Vous avez eu demandé. Ils ont eu demandé.	Fini.	Reçu.	Rendu.

		PLUSQUE-PARFAIT.	
J'avais demandé. Tu avais demandé. Il avait demandé. Nous avions demandé. Vous aviez demandé. Ils avaient demandé.	Fini.	Reçu.	Rendu.
		FUTUR SIMPLE.	
Je *demanderai.* Tu demanderas. Il demandera. Nous demanderons. Vous demanderez. Ils demanderont.	Je finirai. Tu finiras. Il finira. Nous finirons. Vous finirez. Ils finiront.	Je recevrai. Tu recevras. Il recevra. Nous recevrons. Vous recevrez. Ils recevront.	Je rendrai. Tu rendras. Il rendra. Nous rendrons. Vous rendrez. Ils rendront.
		FUTUR COMPOSÉ.	
J'aurai demandé. Tu auras demandé. Il aura demandé. Nous aurons demandé. Vous aurez demandé. Ils auront demandé.	Fini.	Reçu.	Rendu.

CONDITIONNELS. Présent.

Je demanderais.	Je finirais.	Je recevrais.	Je rendrais.
Tu demanderais.	Tu finirais.	Tu recevrais.	Tu rendrais.
Il demanderait.	Il finirait.	Il recevrait.	Il rendrait.
Nous demanderions.	Nous finirions.	Nous recevrions.	Nous rendrions.
Vous demanderiez.	Vous finiriez.	Vous recevriez.	Vous rendriez.
Ils demanderaient.	Ils finiraient.	Ils recevraient.	Ils rendraient.

PASSÉ.

J'aurais demandé. Tu aurais demandé. Il aurait demandé. *Nous aurions* demandé. Vous auriez demandé. Ils auraient demandé.	Fini.	Reçu.	Rendu.

On dit aussi :

J'eusse demandé. Tu eusses demandé. Il eût demandé. Nous eussions demandé. Vous eussiez demandé. Ils eussent demandé.	J'eusse fini. Tu eusses fini. Il eût fini. Nous eussions fini. Vous eussiez fini. Ils eussent fini.	Reçu.	Rendu.

	IMPÉRATIF.		
Demande. Demandons. Demandez.	Finis. Finissons. Finissez.	Reçois. Recevons. Recevez.	Rends. Rendons. Rendez.
	SUBJONCTIF. Présent *ou* Futur.		
Que je demande. Que tu demandes. Qu'il demande. Que nous demandions. Que vous demandiez. Qu'ils demandent.	Que je finisse. Que tu finisses. Qu'il finisse. Que nous finissions. Que vous finissiez. Qu'ils finissent.	Que je reçoive. Que tu reçoives. Qu'il reçoive. Que nous recevions. Que vous receviez. Qu'ils reçoivent.	Que je rende. Que tu rendes. Qu'il rende. Que nous rendions. Que vous rendiez. Qu'ils rendent.
	IMPARFAIT.		
Que je demandasse. Que tu demandasses. Qu'il demandât. Que nous demandassions. Que vous demandassiez. Qu'ils demandassent.	Que je finisse. Que tu finisses. Qu'il finît. Que nous finissions. Que vous finissiez. Qu'ils finissent.	Que je reçusse. Que tu reçusses. Qu'il reçût. Que nous reçussions. Que vous reçussiez. Qu'ils reçussent.	Que je rendisse. Que tu rendisses. Qu'il rendît. Que nous rendissions. Que vous rendissiez. Qu'ils rendissent.
	PASSÉ.		
Que j'aie demandé. Que tu aies demandé. Qu'il ait demandé. Que nous ayons demandé. Que vous ayez demandé. Qu'ils aient demandé.	Fini.	Reçu.	Rendu.

PLUSQUE-PARFAIT.			
Que j'eusse demandé. Que tu eusses demandé. Qu'il eût demandé. Que nous eussions demandé. Que vous eussiez demandé. Qu'ils eussent demandé.	Fini.	Reçu.	Rendu.
INFINITIF. Présent.			
Demander.	Finir.	Recevoir.	Rendre.
PASSÉ.			
Avoir demandé.	Avoir fini.	Avoir reçu.	Avoir rendu.
PARTICIPES. Présent.			
Demandant.	Finissant.	Recevant.	Rendant.
PASSÉ.			
Demandé, ée. Ayant demandé.	Fini, ie. Ayant fini.	Reçu, ue. Ayant reçu.	Rendu, ue. Ayant rendu.
FUTUR.			
Devant demander.	Devant finir.	Devant recevoir.	Devant rendre.

Conjuguez de même : *Aimer*, *donner*, *chanter*, *danser*, etc. *Avertir*, *jouir*, *punir*, *guérir*, etc. *Apercevoir*, *concevoir*, *devoir*, *percevoir*, etc. *Attendre*, *fondre*, *vendre*, *tondre*, etc.

ARTICLE VI.

LE PARTICIPE.

Le participe tient du verbe et de l'attribut. On distingue deux sortes de participes: Le participe *présent* ou *actif* qui exprime une action faite, et le participe *passé* ou *passif* qui indique une action reçue.

Le participe *présent* ou *actif* ne varie jamais, c'est-à-dire, qu'il ne prend ni genre, ni nombre; au lieu que l'attribut *qualificatif* terminé en *ant* (1), dérivant d'un attribut combiné, prend le genre et le nombre du substantif dont il marque la *qualité*, la *propriété*, l'*état*, etc.

Le participe présent peut toujours se changer en un autre temps de l'attribut combiné d'où il dérive. Il n'en est point ainsi de l'attribut *qualificatif* en *ant*.

EXEMPLES;

PARTICIPES. Présents.	Attibuts qualificatifs en *ant*.
Nous avons vu ces bœufs *mugissant* dans les prairies.	Sur le taureau *mugissant* et terrible Pleuvent les dards, les lances, les épieux. (Parny.)
Mugissant, qui mugissaient.	*Mugissant*, qui est mugissant.
La lune *brillant* d'un sombre éclat.	Evitons ces excès, laissons à l'Italie
Nous avons vu ces personnes *éclatant* de rire.	De tous ces faux *brillants*, l'*éclatante* folie. (Boileau.)
Brillant, qui brille.	*Brillants*, qui sont brillants.
Eclatant, qui éclataient.	*Eclatante*, qui est éclatante.

(1) Ou *adjectif verbal.*

Des vaincus, *tremblant* aux pieds d'un conquérant, imploraient, en vain, sa clémence.	L'effroi veille au milieu des familles *tremblantes*.
Des maisons *menaçant* de tomber en ruine.	Les jours sont inquiets et les nuits *menaçantes*. (DELILLE.)
De l'eau *bouillant* sur le feu.	*Bouillants* d'impatience Achate et le héros, Brûlent de se montrer. (*Le même.*)
Une corde *pendant* jusqu'à terre.	Mais que font là tes bras *pendants* à ton côté. (RACINE.)

REMARQUE. Le participe présent est quelquefois précédé du déterminatif *en*. Ex. En *riant*, *il dit ce qu'il pense*. C'est ce que quelques grammairiens appèlent *gérondif*.

ARTICLE VII.

LE SURATTRIBUT (1).

LE surattribut est un mot invariable, qui modifie la signification de l'attribut. Par exemple, quand je dis : *Ma sœur lit* correctement, *analyse* bien, la signification des attributs combinés *lit*, *analyse*, est modifiée par les suratributs *correctement*, *bien*, qui font entendre la manière dont ma sœur *lit*, *analyse* (2).

Les surattributs sont : *Grandement*, *utilement*,

(1) Le surattribut est nommé presque toujours *adverbe* (*ad verbum*), c'est-à-dire, auprès du verbe ; bien qu'il ne doive pas être plus justement placé à côté du verbe qu'à côté d'un autre mot.

(2) Il y a des surattributs qui, non-seulement, servent à modifier les attributs, mais encore les surattributs qui renferment une qualification ; car on dit : *Très-avidement*, *fort vaillamment*, *bien méchamment*, *moins bien*, etc.

quatrièmement, ingénument, durement, vraiment, poliment, gentiment, impunément, prudemment, obligeamment, aisément, effrontément, sensément, etc. *D'abord, ensuite, puis, auparavant, où, ici, là, dedans, dehors, dessus, dessous, loin, auprès, partout, ailleurs, beaucoup, peu, trop, assez, moins, tant, autant, davantage, aussi, si, très, fort, bien, mal, oui, non, ne, ne pas, ne point, ne..... que, hier, avant-hier, aujourd'hui, demain, autrefois, souvent, bientôt, sitôt, toujours, jamais, tout-à-l'heure, à l'improviste*, ab hoc et ab hac, *pêle-mêle, à l'entour, avec patience, avec courage, avec joie*, etc., etc.

ARTICLE VIII.

LE DÉTERMINATIF (1).

Le déterminatif est un mot invariable qui exprime les différents rapports que les choses ont les unes avec les autres. Par exemple, quand je dis : *les arbres* de *mon jardin croissent bien*. *De* marque le rapport qu'il y a entre *arbres* et *jardin*; *de* est donc un déterminatif. « Un rapport, dit M. DE

---

(1) L'on s'accorde assez généralement à donner à cette espèce de mots, le nom de *préposition* (*præ ponere*) poser avant : dénomination fausse et qui ne se rattache à rien, en particulier, puisque pour former la chaîne de nos idées, nous devons, nécessairement, placer tous les mots, les uns avant les autres.

» SACY, suppose toujours deux choses ; on nomme » ces deux choses les deux termes du rapport ; » le premier se nomme *antécédent*, et le second, » *conséquent.* » Dans cette phrase : *Le fruit* de *l'arbre ; fruit* est l'antécédent, et *arbre*, le *conséquent ; de* est donc un déterminatif, puisqu'il exprime le rapport qu'il y a entre deux termes.

Il y a deux sortes de déterminatifs ; les déterminatifs *simples*, et les déterminatifs *composés*.

Les déterminatifs *simples*, sont : *à*, *chez*, *dans*, *de*, *devant*, *derrière*, *depuis*, *en*, *entre*, *parmi*, *sur*, *sous*, *vers*, *dès*, *avant*, *après*, *avec*, *durant*, *pendant*, *outre*, *selon*, *suivant*, *excepté*, *hors*, *hormis*, *sans*, *contre*, *malgré*, *nonobstant*, *concernant*, *touchant*, *envers*, *pour*, *attendu*, *par*, *moyennant*, *sauf*, *vu*, etc.

Les déterminatifs composés, sont : *En présence de*, *vis-à-vis de*, *autour de*, *à cause de*, *par-delà de*, *en deçà de*, *hors de*, *près de*, *par devers*, *le long de*, *quant à*, *jusqu'à*, etc.

ARTICLE IX.

LE CONJONCTIF. (1).

Le conjonctif est un mot invariable qui sert à établir une liaison entre deux mots, entre deux propositions. Exemples : *David était roi et prophète ; et* lie les mots *roi* et *prophète. Il travaille*, quoiqu'*il soit malade. Quoiqu'* pour *quoique* lie les deux propositions *il travaille*, *il soit malade*.

On distingue deux sortes de conjonctifs : les conjonctifs *simples* et les conjonctifs *composés*.

Les conjonctifs simples sont : *et*, *ni*, *ainsi*, *car*, *cependant*, *comme*, *lorsque*, *quand*, *soit*, *ou*, *si*, *savoir*, *or*, *donc*, *encore*, *mais*, *néanmoins*, *puisque*, *quoique*, *toutefois*, *partant*, *enfin*, *ensuite*, *que*, etc.

Les conjonctifs *composés* sont : *afin que*, *parce que*, *aussitôt que*, *de même que*, *de sorte que*, *si ce n'est que*, *à moins que*, *au cas que*, *encore que*, *non pas que*, etc.

Le conjonctif le plus usité est *que* ; on le distingue du substantif relatif *que*, en ce qu'il ne peut jamais se tourner par *lequel*, *laquelle*. Exemple : *Je crois que vous badinez*. On ne peut pas dire : *Je crois* lequel *vous badinez*. *Que* est donc un conjonctif et non un substantif relatif.

(1) *Jungere cum*, est ici substitué à *conjonction*, terme impropre ; puisque, en effet, le mot qui rapproche et unit deux propositions, ne devient point pour cela une conjonction ; mais, bien un conjonctif.

ARTICLE X.

L'EXCLAMATIF (1).

L'EXCLAMATIF est un mot invariable qui sert à exprimer certains sentiments subits de l'âme, comme la *joie*, la *douleur*, la *crainte*, etc.

La *joie*, ah! bon!

La *douleur*, aye! hélas!

La *crainte*, ha! hé! hé mon Dieu!

L'*aversion*, fi! fi donc!

L'*encouragement*, çà! allons! courage!

L'*avertissement*, gare! gare!

Pour *appeler*, holà! hé!

Pour *faire taire*, chut, paix! silence!

(1) *Exclamare*, est appelé quelquefois *interjection* (*inter jacere*), jeter entre. Certes, une expression dénominative aussi banale ne sera jamais admise, même par la plus mince judiciaire.

On a aussi, avec plus de raison fondamentale, nommé l'exclamatif, *exclamation*; mais je demande si le mot *quoi!* dans cette phrase : *quoi! vous êtes ici!* est une exclamation : le bon sens me donne une réponse négative. Ce mot quoi! forme, produit une exclamation; on doit donc lui donner le nom d'*exclamatif*.

DEUXIÈME PARTIE.

PRONONCIATION.

ARTICLE PREMIER.

Des Voyelles.

Les voyelles sont *longues* ou *brèves*.

La plupart des voyelles *longues* sont marquées d'un accent circonflexe. On les prononce en appuyant plus long-temps dessus que sur les autres, comme dans les mots : *bâtis*, *pêche*, *île*, *côte* (costa), *bûche*.

Les voyelles *brèves* se prononcent avec rapidité, comme dans les mots : *bague*, *burette*, *assiette*, *carotte*, *bacchante*.

Nous avons trois sortes d'*e* : l'*e* muet, l'*é* fermé, et l'*è* ouvert. Le son de l'*e* muet est sourd, comme dans : *Casemate*, *demande*, *modeler*. L'*é* fermé se prononce la bouche presque fermée, comme dans : *Humanité*, *longévité*, *sévérité*. L'*è* ouvert, au contraire, se prononce la bouche ouverte, comme dans : *Abcès*, *agrès*, *dernière*.

L'emploi de l'*y* remplace deux *i*. — D'où il suit que les mots *moyen*, *Noyon*, s'articulent *moi-ien*, *Noi-ion*. Cependant, quand il se trouve entre deux consonnes et que les mots viennent du grec, il reçoit la prononciation de l'*i*, *étymologie*, *hypothèse*, etc.

ARTICLE II.

Des Consonnes.

1.° B final se prononce dans les substantifs propres; *Achab*, *Job*, *Caleb*, etc., et dans *radoub* et *rumb*. Dans le redoublement on n'en prononce qu'un.

2.° *C* se prononce comme *s* avant *e*, *i* : *célébration*, *ciseau*, etc., et comme *k* avant *a*, *o*, *u* : *caractère*, *colère*, *curement*, etc., excepté quand il y a une cédille dessous. *Façade*, *leçon*, *reçu*, etc. Il sonne à la fin des mots : *Suc*, *Cognac*, *avec*, *bec*, *duc*, *syndic*, *choc*, *aqueduc*, etc. Dans le cas de redoublement *c* ne se prononce qu'avant *é*, *i* : *Accéder*, *accident*, etc.

3.° *D* final se prononce dans les substantifs propres : *David*, *Joad*, etc. Il a le son de *t* avant une voyelle ou une *h* muette : *grand orateur*, *grand homme*, se prononcent *grant-orateur*, *grant-omme*. Il ne se prononce point dans *fond*, *muid*, *nid*, *pied*. Dans le redoublement les deux *d* se prononcent : *Addition*.

4.° *F* final se prononce ordinairement. On en excepte les mots : *Cerf*, *cerf-volant*, *chef-d'œuvre*, *nerf-de-bœuf*, et le pluriel des substantifs *bœuf*, *neuf*, *œuf*. Lorsqu'il y a redoublement, on ne prononce qu'une *f*.

Remarques. *Dix-neuf hommes*, *des habits neufs*, *des œufs durs*, *un nerf délicat*, *un bœuf salé* se prononcent : *Dix-neuv-hommes*, *des habits neus*, *des œus durs*, *un ner délicat*, *un bœu salé*.

5.° *G* final se prononce comme *gue* dans *Agag*, *Doeg*, etc., et dans *joug*. Il a le son de *k* dans *rang*, *sang*, *long*, lorsque ces mots sont suivis d'une voyelle ou d'une *h* muette. Il a le même son dans *bourg*, même devant une consonne. Il ne sonne point dans *hareng*, *étang*, *legs*, *poing*, *vingt*, *fauxbourg*, etc. *G*, devant *a*, *o*, *u*, a le son dur, et devant *e*, *i*, il se prononce comme *j*: *galant*, *gerbe*, etc.

Pour donner à *g* devant *a*, *o*, *u*, le son du *j*, on met un *e* après cette lettre : *Geai*, *geole*, *geolier*. Dans le redoublement on n'en prononce qu'un, excepté avant *e*, *i* : *Suggestion*.

6.° *H* est aspirée dans *Harpagon*, le *harnais*, la *haire*. L'articulation de ces mots procède du gosier (1). Elle est muette dans : *L'homme*, *l'habitude*, c'est-à-dire, qu'elle n'est point sensible, qu'on la rend nulle. Cependant, quoiqu'elle soit aspirée dans *Hollande*, *hollandais*, *Hongrie*, on dit : *toile*, *Fromage d'*Hollande, *eau de la Reine d'*Hongrie, *point d'*Hongrie.

7.° *L* est nulle à la fin de *gril*, *baril*, *fusil*, *persil*, *sourcil*, *outil*, *chenil*, *courtil*, *gentil* (joli). *L* est mouillée dans *gentil* (payen), *gentil-homme*, au pluriel, on prononce *gentiz-hommes*. *L* double et précédée de *ai*, *ei*, *oui* se prononce mouillée : *Travailler*, *veiller*, *fouiller*, *cueillir*. Elle se prononce aussi mouillée, où elle n'est précédée que d'un *i*, comme dans *quille*, *fille*, *briller*, etc. Dans *Sully* on la fait doublement sonner.

8.° *M* au milieu d'un mot et avant *b*, *p*, prend

(1) Les dictionnaires indiquent l'*h* aspirée par un astérisque (*) ou des guillemets (») mis avant le mot.

le son nasal. Cependant, on prononce les deux *m* dans les substantifs propres : *Ammon*, *Emmanuel*, et dans les mots qui commencent par *imm* : *Immortel*, *immense*, etc.

9.° *N* finale sonne dans *abdomen*, *examen*, *hymen*, *lichen*. Elle sonne aussi dans tous les attributs qui sont placés avant les substantifs, comme *mon ami*, *son humeur*, *certain auteur*; mais elle ne sonne jamais dans les substantifs, non plus que dans les attributs qui sont suivis d'un déterminatif : *Maison agréable*, *bon à prendre*.

10.° *P* final ne se prononce que dans *Alep*, *cep*, *cap*, *Gap*, *jalap*, et dans *trop*, *beaucoup*, *coup*, avant une voyelle ou une *h* muette.

11.° *Q* final sonne dans *coq* et *cinq*; cependant quand le mot *cinq* est suivi d'une consonne, il ne se prononce pas.

12.° *R* finale se prononce, excepté dans : *Monsieur*, et les polysyllabes *boulanger*, *pâtissier*, *premier*, *dernier*, etc., même avant une voyelle.

13.° *S* finale sonne dans *aloès*, *as*, *bibus*, *blocus*, *las*, *dervis*, *jadis*, *gratis*, *laps*, *maïs*, *Mars*, *Rheims*, *Rubens*, *Vénus*, *Bacchus*, *Phébus*, *rébus*, *Romulus*, *Rémus*, *sinus*, *Lys* (rivière).

14.° *T* final se fait sentir dans *Christ*, *brut*, *Apt*, *dot*, *fat*, *lest*, *rapt*, *zénith*, *zest*, *zist*, etc., et dans *sept* et *huit* seuls, ou suivis d'une voyelle.

15.° *X* se prononce : 1.° comme *cs* dans *Alexandre*, *axe*, *sexe*, *sphynx*, *Styx*, *taxe*. 2.° comme *s* dans *soixante*, *Bruxelles*, *Auxerre*, *Auxonne*, 3.° comme *gz* dans *examen*, *exemple*, *exé*[illegible]*able*, *exil*, *exhausser*, *exhumer*, *exhorter*. et 4.° comme *z* dans *sixième*, *dixième*, etc.

16.° *Z* final prend seulement le son de l's dans *Metz*.

17.° *Ch* se prononce comme *k* dans *chrétien*, *Arachné*, *Chloris*, *Achab*, *catéchumène*, *Chanaan*, *Nabuchodonosor*, *Michel-Ange*, *Achéloüs*, etc.

18.° *Gn* a le son mouillé dans *digne*, *agnus*, *incognito*, *agneau*, etc. Il a le son ferme dans *gnome*, *gnottique*, *Progné*, *inexpugnable*, *ignée*, *stagnant*, etc. Il se prononce comme *n* dans *signet* (d'un livre), *Regnard* (poète).

19.° *Qu* se prononce comme *k* dans *quidam*, *quiproquo*, *liquéfier*. *Qua*, *que*, *qui* se prononcent *coua*, *cue*, *cui* dans *aquatile*, *aquarelle*, *équateur*, *équation*, *équestre*, *liquéfaction*, *quadragénaire*, *quadragésime*, *équilatéral*, *quadruple*, *quadrangle*, *questeur*, *quintuple*, *Quinte-Curce*, etc.

20.° *Ti*, précédé de *s*, *x*, se prononce fortement : *gestion*, *mixtion*. *Trans* suivi d'une voyelle prend le son du *z* : *Transaction*, *transition*, etc.

Remarques. *S* au milieu d'un mot se prononce comme z, quand elle est entre deux voyelles : *Maison*, *poison*. Cependant elle a le son ferme dans : *Présupposer*, *préséance*, *vraisemblable*, *désuétude*, *parasol*, *monosyllabe*, *polysyllabe*, etc.

S et *x* finaux, suivis d'une voyelle ou d'une *h* muette, se prononcent comme z.

T final et précédé d'un c ne se prononce pas : *Aspect*, *respect*, etc. Il sonne dans *direct*, *correct*, et leurs composés.

D et *t* finaux et précédés d'une *r* ne se prononcent pas.

L'on doit écrire : *Faon*, *Laon*, *paon*, *taon*, *Caen*, *Août*, *aoriste*, *aoûteron*, *Saône*, et prononcer : *Fan*, *Lan*, *pan*, *ton*, *Can*, *oût*, *oriste*, *oûteron*, *Sône*.

ARTICLE III.

PRONONCIATION DE QUELQUES MOTS.

ÉCRIVEZ :	PRONONCEZ :
ALLÉLUIA.	Allélu-ia.
Alliage.	Aliage.
Ame.	A-me.
Arène.	Arè-ne.
Baptiser.	Batizé.
Barreau.	Bârò.
Bon-homme.	Bo-nomme.
Cannelle.	Canèle.
Chêne.	Chè-ne.
Deuxième.	Deuziè-me.
Diane.	Dia-ne.
Douzaine.	Douzai-ne.
Eau.	O.
Ecailler.	Ekalié.
Effusion.	Efuzion.
Fanum.	Fano-me.
Féerie.	Fèrie.
Flamme.	Flâ-me.
Gazonner.	Gazoné.

ÉCRIVEZ :	PRONONCEZ :
Gène.	Gè-ne.
Gonne (futaille.)	Gô-ne.
Haine.	Hè-ne.
Halle.	Hale.
Héronneau.	Héro-nô.
Idoine.	Idoène.
Iduméen.	Idumé-in.
Incertaine.	Incertè-ne.
Jauger.	Jôjé.
Junte.	Jonte.
Jusquiame.	Juskia-me.
Kagne.	Ka-gne.
Kahouanne.	Ka-ou-a-ne.
Kilogramme.	Kilogrâ-me.
Laine.	Lè-ne.
Lame.	La-me.
Leucome.	Le-co-me.
Malle.	Male.
Malléole.	Mallé-ole.
Même.	Mê-me.
Montagne.	Monta-gne.
Nasillonner.	Nazillô-né.
Nenni.	Nani.
Nieller.	Nièlé.
Obsidienne.	Obsidiè-ne.
OEdème.	È-dè-me.
Offense.	Ofance.
Parpaing.	Parpin.
Partial.	Parcial.
Passionner.	Pacio-né.
Philostome.	Filos-tôme.

ÉCRIVEZ :	PRONONCEZ :
Quadrisyllabe.	Couadricyl-labe.
Quantième.	Cantiè-me.
Quatorzaine.	Katorzè-ne.
Ramer.	Ra-mé.
Raphé.	Rafé.
Sceau.	Sô.
Schall.	Chal.
Schorl (cristal noir.)	Skorl.
Taraud.	Tarô.
Tramer.	Tra-mé.
Treizième.	Treiziè-me.
Trichiasis.	Trikiazis.
Ultimatum.	Ultimatom.
Umble.	Omble.
Unième.	Uniè-me.
Vaccin.	Vakcin.
Vanneau.	Vanô.
Vesce.	Vèce.
Wisk.	Ouisque.
Wiski.	Ouiski.
Xanthium.	Ksanti-om.
Xérophage.	Ksérofaje.
Xiphoïde.	Ksifo-ï-de.
Yacht.	Iaque.
Ypréau.	Ipré-ô.
Zénith.	Zénit.
Zéphyr.	Zéfir.

TROISIÈME PARTIE.

ORTHOGRAPHE.

ARTICLE PREMIER.

L'ORTHOGRAPHE est l'art et la manière d'écrire correctement les mots d'une langue.

Les signes de l'orthographe sont : les *accents*, l'*apostrophe*, le *tréma*, le *trait-d'union*, le *trait de séparation*, la *cédille*, les *guillemets*, et la *parenthèse*.

L'on distingue trois accents : l'*accent aigu* (é), l'*accent grave* (è), et l'*accent circonflexe* (ê). La fonction de l'*accent aigu* est de désigner la plupart des *é* fermés : *Thé*, *café*. L'*accent grave* se met sur la plupart des è ouverts : *Frène, excès*. L'*accent circonflexe* se place sur les voyelles longues : *Bâti*, *môle*.

L'*apostrophe* (') marque l'élision de l'une des trois voyelles *a*, *e*, *i*. On dit : *L'horticulture* pour *la horticulture*; *l'hôpital* pour *le hôpital* ; *s'il était arrivé*, pour *si il était arrivé; j'aime* pour *je aime; jusqu'à* pour *jusque à*, etc.

On appèle tréma (¨) deux points posés sur les voyelles *e*, *i*, *u*, pour indiquer qu'on doit les prononcer séparément : *Contiguë*, *naïf*, *Saül*.

Le trait d'union (-) se met entre deux ou trois mots qu'on veut unir : *Percé-oreille*, *eau-de-vie*, etc.

Le trait d'union se met encore entre le verbe et le substantif, entre l'attribut combiné et le substantif relatif, si le substantif relatif est le sujet du verbe ou de l'attribut combiné, et placé après : *est-il studieux? irai-je? dors-tu? combien reste-t-il?* (1).

Le *trait de séparation* (—) marque la séparation qu'il y a dans le dialogue entre la demande et la réponse.

EXEMPLE:

Sois sage, bienfaisant. — Pourquoi ? — C'est que, vois-tu,
Rien ne profite à l'homme autant que la vertu.

ANONYME.

La *cédille* (ç) se met sous le *c* devant *a*, *o*, *u*, pour lui donner le son de l'*s* : *Façade*, *garçon*, *reçu*.

Les *guillemets* (») indiquent au lecteur que ce qu'il va lire est tiré d'un autre auteur. Ils marquent encore l'expression d'un discours qui interrompt le cours d'une histoire.

EXEMPLE:

Ne dites-vous pas en commun proverbe : « *Des loups ravissants*, « *des lions furieux, malicieux comme un singe?* » Et vous autres qui êtes-vous ? j'entends sans cesse corner à mes oreilles : « *L'homme* « *est un animal raisonnable* : » Qui vous a passé cette définition ?

LA BRUYÈRE.

La *parenthèse* ( ) est formée de deux crochets opposés par leurs cavités et entre lesquels on renferme quelques mots détachés.

---

(1) Ce *t* dans *combien reste-t-il?* s'appèle euphonique ; parce que son unique objet est d'adoucir la prononciation. Ce *t* s'emploie toutes les fois que la finale de l'attribut combiné est un *a* ou un *e* : comme dans, *lira-t-il? viendra-t-elle? dîne-t-on? arrive-t-il?*

EXEMPLE:

Ce général (ô honte!) n'attaquait Annibal qu'avec une armée d'esclaves.

FLORUS.-Trad. de l'abbé PAUL.

DES LETTRES CAPITALES, OU MAJUSCULES.

1.° La première lettre des substantifs propres doit être une lettre capitale.

2.° Les lettres capitales s'emploient aussi au commencement de chaque phrase, de chaque vers.

EXEMPLE:

Le grand nom de Pompée assure la conquête.
C'est l'effroi de l'Asie. Et, loin de l'y chercher,
C'est à Rome, mes fils, que je prétends marcher.

RACINE.

3.° Les noms des arts, des sciences, des dignités, s'écrivent aussi avec des capitales, quand ils sont le principal sujet du discours. *La Peinture à l'huile est une invention moderne. Le Roi de France.*

4.° Les noms des êtres moraux personnifiés, prennent aussi des lettres capitales.

EXEMPLE:

La Disette au teint blême, et la triste Famine,
Les Chagrins dévorants, et l'infâme Ruine,
Enfants infortunés de ses raffinements,
Troublent l'air d'alentour de longs gémissements.

BOILEAU.

ARTICLE II.

Formation du pluriel dans les substantifs communs.

RÈGLE GÉNÉRALE.

Le pluriel se forme en ajoutant une *s* à la fin du substantif commun. Exemples : singulier. *Le père, la mère, le papier, la plume.* Pluriel : *Les pères, les mères, les papiers, les plumes.*

EXCEPTIONS.

1.° Tous les substantifs qui finissent par *s*, *z*, *x*, n'ajoutent rien au pluriel : Le *puits*, les *puits*, le *nez*, les *nez*, le *preux*, les *preux*.

2.° Les substantifs terminés au singulier par *au*, *eu*, *ou*, *œu*, prennent un *x* au pluriel : le *barreau*, les *barreaux*; le *pieu*, les *pieux*; le *caillou*, les *cailloux*; le *vœu*, les *vœux*, etc. Cependant *bleu*, *clou*, *sou*, *trou*, *matou*, prennent une *s* au pluriel.

3.° Ceux terminés par *al*, *ail*, font leur pluriel en *aux* : Le *bocal*, les *bocaux*; l'*étal*, les *étaux*; le *travail*, les *travaux*. Il faut en excepter les mots suivants : *Bal*, *cal*, *carnaval*, *régal*, *camail*, *détail*, *épouvantail*, *éventail*, *gouvernail*, *mail*, *poitrail*, *portail* et *travail* (signifiant les machines de bois où les maréchaux attachent les chevaux fougueux pour les ferrer), qui font au pluriel : *bals*, *cals*, etc. ; *camails*, *détails*, etc.

4.° *Bétail*, *ciel*, *œil*, *aïeul* font au pluriel :

bestiaux, *cieux*, *yeux*, *aïeux*. Cependant on dira: *Des ciels de lit*, *des ciels de carrière*, *des œils de bœuf*, *des œils de serpent*, *des œils de chat*, et des *aïeuls*, en parlant du grand père paternel ou maternel.

5.° Les substantifs *car*, *si*, *mais*, *que*, etc., s'écrivent au pluriel comme au singulier.

6.° Le substantif *bercail* n'a point de pluriel.

7.° Les substantifs *accordailles*, *ancêtres*, *brouailles*, *broussailles*, *entrailles*, *fiançailles*, *grègues*, *jantilles*, *laidanges*, *matines*, *obsèques*, *ténèbres*, etc., n'ont pas de singulier.

ARTICLE III.

SUBSTANTIFS COMPOSÉS.

1.° QUAND un substantif est composé de deux substantifs unis par un déterminatif, le premier prend la marque du pluriel, le second reste au singulier. Un *arc-en-ciel*, des *arcs-en-ciel*; un *bec-de-canne*, des *becs-de-canne*; un *pot-au-feu*, des *pots-au-feu*, etc. Cependant on écrit: Un *coq-à-l'âne*, des *coq-à-l'âne*; un *tête-à-tête*, des *tête-à-tête*; un *fier-à-bras*, des *fier-à-bras*.

2.° Quand un mot est composé de deux substantifs ou d'un substantif et d'un attribut, l'un et l'autre prennent le signe caractéristique du pluriel: Un *chou-navet*, des *choux-navets*; un *beau-frère*, des *beaux-frères*; un *cul-blanc*, des *culs-blancs*, etc. Cependant on écrit: Une *basse-contre*, des *basses-contre*; un *blanc-seing*, des *blanc-seings*; un *blanc-signé*, des *blanc-signés*;

un *brèche-dent*, des *brèche-dent*; un *carême-prenant*, des *carême-prenant*; un *colin-maillard*, des *colin-maillard*; une *courte-haleine*, des *courte-haleine*; une *cuisse-madame*, des *cuisses-madame*; un *demi-dieu*, des *demi-dieux* (1); une *douce-amère*, des *douce-amères*; une *grand'Messe*, des *grand'Messes* (2); un *haut-à-bas*, des *haut-à-bas*; un *haut-le-corps*, des *haut-le-corps*; un *haut-le-pied*, des *haut-le-pied*; un *mi-carême*, des *mi-carême* (3); une *mille-feuilles*, des *mille-feuilles* (4); une *nerf-ferrure*, des *nerf-ferrures*; un *ouï-dire*, des *ouï-dire*; un *prud'homme*, des *prud'hommes*; un *quartier-maître*, des *quartier-maîtres*; un *quartier-mestre*, des *quartier-mestres*; un *quinze-vingts*, des *quinze-vingts*; un *revenant-bon*, des *revenants-bon*; un *terre-neuvier*, des *terre-neuviers*; une *terre-noix*, des *terre-noix*; un *terre-plein*, des *terre-pleins*; une *toute-bonne*, des *toute-bonnes*; une *toute-épice*, des *toute-épices*; une *toute-saine*, des *toute-saines*; un *tripe-madame*, des *tripes-madame*; un *trou-madame*, des *trous-madame*; un *vice-amiral*, des *vice-amiraux*.

3.° Quand un substantif est composé d'un attribut combiné et d'un substantif; l'attribut combiné ne varie jamais, le substantif se met au singulier ou au pluriel selon le sens : Un *abat-jour*, des *abat-jour*; un *casse-cou*, des *casse-cou*; un *casse-*

(1) Demi, placé avant un substantif, ne varie jamais.

(2) Quoiqu'on en dise, nous devons supprimer l'*e* dans l'attribut qualificatif *grande*, quand cet attribut est suivi d'un substantif féminin qui commence par une consonne de cette manière: *Grand'Messe*, *grand'mère*, *grand'porte*, etc. Cette règle est dans l'harmonie.

(3) *Mi* ainsi placé devant un substantif, est toujours invariable.

(4) *Mille* veut le substantif qui le suit, au pluriel.

mottes, des *ca -e-mottes*, un *couvre-plat*; des *couvre-plats*; un *essuie-mains*, des *essuie-mains*; un *gagne-pain*, des *gagne-pain*; un *porte-manteau*, des *porte-manteau*; un *porte-manteau*, des *porte-manteaux*; un *porte-manteaux*, des *porte-manteaux*; un *réveille-matin*, des *réveille-matin*, etc.

4.° Quand un substantif est composé d'un mot invariable et d'un autre mot qui est variable, le mot variable seul prend le signe caractéristique du pluriel : Un *bien-aimé*, des *bien-aimés*; un *contre-amiral*, des *contre-amiraux*; un *quasi-contrat*, des *quasi-contrats*, etc.

Sont exceptés les substantifs *après-demain*, *après-midi*; *avant-faire-droit*; *avant-midi*, *bien-être*, *contre-poison*, *cric-crac*, *mal-être*, *post-scriptum*, *sans-prendre*, *sous-barbe*, et *tu autem*, qui s'écrivent au singulier comme au pluriel.

ARTICLE IV.

SUBSTANTIFS PROPRES.

Les substantifs propres rejettent le signe caractéristique du pluriel; cependant s'ils font entendre une nature commune à plusieurs, ils sont alors substantifs communs, et l'admettent. On dit : *Les Tacites, les Sallustes sont rares*. C'est-à-dire, les historiens qui ressemblent à *Tacite*, à *Salluste*, sont rares.

ARTICLE V.

VARIATIONS DES SUBSTANTIFS RELATIFS.

PERSONNES.	*Masculin sing.*	*Féminin sing.*	*Masculin plur.*	*Féminin plur.*
1.re PERSONNE.	Moi, je, me.	Moi, je, me.	Nous.	Nous.
2.me PERSONNE.	Toi, tu, te.	Toi, tu, te.	Vous.	Vous.
3.me PERSONNE.	Il.	Elle.	Ils *ou* eux.	Elles.
	Soi.	Soi.	Soi.	Soi.
	Se.	Se.	Se.	Se.
	Le.	La.	Les.	Les.
	Lui.	Lui.	Eux *ou* leur.	Elles *ou* leur.
	Celui.	Celle.	Ceux.	Celles.
	Quel.	Quelle.	Quels.	Quelles.
	Qui.	Qui.	Qui.	Qui.
	Que.	Que.	Que.	Que.
	Dont.	Dont.	Dont.	Dont.
	Mien.	Mienne.	Miens.	Miennes.
	Tien.	Tienne.	Tiens.	Tiennes.
	Sien.	Sienne.	Siens.	Siennes.
	Nôtre.	Nôtre.	Nôtres.	Nôtres.
	Vôtre.	Vôtre.	Vôtres.	Vôtres.
	Leur.	Leur.	Leurs.	Leurs.

REMARQUE. — *Qui* représente une des trois personnes indifféremment ; car on dit : *C'est moi* qui *ai vu. C'est toi* qui *as vu. C'est lui* qui *a vu.*

ARTICLE VI.

ATTRIBUTS.

Les attributs ont les deux genres et les deux nombres.

1.° Variations des attributs déterminatifs.

Masculin sing	*Féminin sing*	*Masculin plur.*	*Féminin plur.*
Le.	La.	Les.	Les.
Un.	Une,	Des.	Des.
Ce *ou* cet.	Cette.	Ces.	Ces.
Mon.	Ma.	Mes.	Mes.
Ton.	Ta.	Tes.	Tes.
Son.	Sa.	Ses.	Ses.
Notre.	Notre.	Nos.	Nos.
Votre.	Votre.	Vos.	Vos.
Leur.	Leur.	Leurs.	Leurs.
Quel.	Quelle.	Quels.	Quelles.
Quelque.	Quelque.	Quelques.	Quelques.
Tout.	Toute.	Tous.	Toutes.
Certain.	Certaine.	Certains.	Certaines.
Autre.	Autre.	Autres.	Autres.
Nul.	Nulle.	Nuls.	Nulles.
Chaque.	Chaque.		

On distingue *ces* de *ses*, dont la prononciation est la même, en faisant la question *de qui?* Quand il n'y a point de réponse à cette question, on met *ces*, et quand il y a une réponse, *ses*.

EXEMPLE:

L'histoire dira quelles furent sa conduite et *ses* vues politiques dans *ces* premières campagnes, etc.

M. Fraissynous.

Les attributs déterminatifs que l'on nomme vulgairement *adjectifs numéraux* s'écrivent toujours de la même manière : *Quatre hommes*, *vingt-quatre femmes*. Cependant on dit *une femme*; parce que l'attribut *un* varie.

2.° FORMATION DU FÉMININ DANS LES ATTRIBUTS QUALIFICATIFS.

RÈGLE GÉNÉRALE.

Quand un attribut qualificatif masculin ne finit point par un *e* muet, comme *sage*, *utile*, on y ajoute un *e* muet pour former le féminin. Exemples. Masculin. *Prudent*, *égal*, *fortuné*. Féminin. *Prudente*, *égale*, *fortunée*.

EXCEPTIONS.

1.° Les attributs qualificatifs qui finissent au masculin par *el*, *eil*, *ien*, *on*, *os*, *as*, *ais*, *et*, *ot*, et *an*, doublent, au féminin leur dernière consonne, et prennent un *e* muet ; *Essentiel*, *vermeil*, *ancien*, *bon*, *gros*, *las*, *épais*, *net*, *sot*, *paysan*. Féminin. *Essentielle*, *vermeille*, *ancienne*, *bonne*, *grosse*, *lasse*, *épaisse*, *nette*, *sotte*, *paysanne*. Exceptez-en : *Mauvais*, *niais*, *ras*, *mahométan*, *complet*, *discret*, *inquiet*, *secret*, *replet*, *dévot*, *cagot*, *bigot*, *idiot*, etc., qui font au féminin, *mauvaise*, *niaise*, *rase*, *mahométane*, *complète*, *discrète*, *inquiète*, *secrète*, *replète*, *dévote*, *cagote*, *bigote*, *idiote*, etc.

2.° Les attributs qualificatifs terminés par une *f* changent cette lettre en *ve* : *Hâtif*, *hâtive*, *neuf*, *neuve*, *bref*, *brève*, etc.

3.° Ceux qui ont leur terminaison en *x*, changent cette lettre en *se* : *Jaloux*, *jalouse*, *généreux*, *généreuse*, *pieux*, *pieuse*, etc. Cependant *doux* fait *douce*, *roux*, *rousse*, *faux*, *fausse*.

4.° *Long*, *malin*, *bénin*, *caduc*, *public*, *tiers*, *grec*, *turc*, *frais*, *sec*, *favori*, *blanc* et *franc*, font au féminin : *Longue*, *maligne*, *bénigne*, *caduque*, *publique*, *tierce*, *grecque*, *turque*, *fraîche*, *sèche*, *favorite*, *blanche* et *franche*.

5.° *Beau*, *nouveau*, *fou*, *mou*, *vieux*, font au féminin : *Belle*, *nouvelle*, *folle*, *molle*, *vieille*; parce qu'au masculin, devant une voyelle ou une *h* muette, on dit : *Bel habit*, *nouvel ordre*, *fol espoir*, *mol abandon*, *vieil homme*.

RÈGLE SUR LE PLURIEL.

Les attributs qualificatifs prennent une *s*, tant au masculin qu'au féminin, pour former leur pluriel.

EXEMPLES :

Une homme *indulgent*, une femme *indulgente*. Pluriel. Des hommes *indulgents*, des femmes *indulgentes*.

EXCEPTIONS.

1.° Les attributs qualificatifs qui finissent par *x*, au masculin singulier, n'ajoutent rien au masculin pluriel : *Un homme courageux*, *des hommes courageux*.

2.° Ceux qui se terminent par *au* ou *al* au masculin singulier, font leur pluriel masculin en *aux* : *Beau*, *beaux*, *libéral*, *libéraux*, *royal*, *royaux*, *verbal*, *verbaux*, *pascal*, *pascaux*, *partial*, *partiaux*, *etc.* Cependant, *austral*, *boréal*, *fatal* et *oral*, n'ont pas de pluriel masculin.

ARTICLE VII.

ATTRIBUTS COMBINÉS.

Il y a, 1.° des attributs combinés réguliers; c'est-à-dire, des attributs combinés qui se conjuguent sur les modèles offerts, pages 17, 18, 19, 20, 21 et 22. 2.° Des attributs combinés irréguliers; c'est-à-dire, des attributs combinés dont la conjugaison s'écarte de la règle générale. 3.° Des attributs combinés défectifs; c'est-à-dire, des attributs combinés qui manquent de temps et de personnes.

INSTRUCTION SUR LA CONJUGAISON DES ATTRIBUTS COMBINÉS.

Dans les attributs combinés nous distinguons, des *radicales*; c'est-à-dire, des lettres qui précèdent la terminaison, et des *finales*; c'est-à-dire, des lettres qui donnent la terminaison. Les premières sont invariables, les secondes sont variables. Ainsi dans *demander*, les *radicales* sont *demand* et les *finales*, *er*; dans *finir*, les *radicales* sont *fin*, et les *finales*, *ir*, etc.

Il y a, dans les attributs combinés, deux sortes de temps; les temps *simples* et les temps *composés*.

Les temps *simples* n'ont point d'auxiliaire : *Je demande, je demanderai.* Les temps *composés* emploient un auxiliaire : *J'ai demandé, j'aurai demandé, je serais arrivé.*

On divise des temps *simples* en temps *primitifs* et en temps *dérivés*. Les temps *primitifs* sont ceux qui servent à former les temps *dérivés*. Il y a cinq temps *primitifs* : Le *présent de l'infinitif*, le *participe présent*, le *participe passé*, le *présent de l'indicatif* et le *passé défini de l'indicatif*.

Les temps *dérivés* se forment des temps *primitifs*, selon les règles détaillées dans la formation des temps ci-après.

Les temps *composés* appartiennent aux temps *dérivés*.

FORMATION DES TEMPS.

1.° Les terminaisons du présent de l'indicatif (temps primitif) sont :

1.re personne, *e, s, x* : *Je chante, j'avertis, je veux.*

2.e personne, *s, x* : *Tu chantes, tu avertis, tu veux.*

3.e personne, *e, c, d, t* : *Il chante, il vainc, il prend, il rompt, il avertit.*

Il faut mettre un accent circonflexe sur l'*i* à la troisième personne du singulier du présent de l'indicatif de tous les attributs combinés qui en ont un au présent de l'infinitif : *Paraître, il paraît;* ainsi qu'aux attributs combinés *plaire* et *clore* par exception : *Il plaît, il clôt.*

Les attributs combinés en *yer*, changent l'*y* en *i* aux trois personnes singulières du présent de l'indicatif : *Je paie, tu essuies, il ploie.*

Les attributs combinés qui ont un *e* muet à

l'avant-dernière syllabe du présent de l'infinitif, prennent un accent grave dessus cet *e* aux trois personnes singulières du présent de l'indicatif : *Je chancèle, tu jètes, il lève.*

Les attributs combinés qui ont un accent aigu sur l'*é* de l'avant-dernière syllabe du présent de l'infinitif, changent cet accent aigu en un accent grave, aux trois mêmes personnes : *Je cède, tu pèches, il règne.*

Les trois personnes plurielles du présent de l'indicatif se forment du participe présent, en changeant *ant* en *ons*, *ez*, *ent* : *Demandant, finissant, rendant; nous demandons, vous finissez, ils rendent.*

EXCEPTIONS.

Première personne. Ayant, *nous avons;* sachant, *nous savons.*

Deuxième personne. Ayant, *vous avez;* sachant, *vous savez;* disant, *vous dites;* faisant, *vous faites.*

Troisième personne. Ayant, *ils ont;* sachant, *ils savent;* acquérant, *ils acquièrent;* allant, *ils vont;* buvant, *ils boivent;* devant, *ils doivent;* faisant, *ils font;* mourant, *ils meurent;* pouvant, *ils peuvent;* recevant, *ils reçoivent;* prenant, *ils prennent;* tenant, *ils tiennent;* venant, *ils viennent;* voulant, *ils veulent.*

Les attributs combinés qui finissent au présent de l'infinitif par *yer*, et ceux qui ont le participe présent en *yant*, changent l'*y* en *i* à la troisième personne plurielle du présent de l'indicatif : Payant, *ils paient;* ployant, *ils ploient;* fuyant, *ils fuient;* voyant, *ils voient.*

Les attributs combinés qui ont un *e* muet à la pénultième syllabe du présent de l'infinitif, ou un accent aigu sur l'*é* de la même syllabe, prennent un accent grave sur cet *e* à la troisième personne plurielle du présent de l'indicatif : Appelant, *ils appèlent;* jetant, *ils jètent;* cédant, *ils cèdent;* régnant, *ils règnent.*

2.° L'imparfait de l'indicatif se forme du participe présent, en changeant *ant* en *ais, ais, ait; ions, iez, aient : Demandant, finissant, recevant, priant, ployant, cédant.* Imparfait. *Je demandais, tu finissais, il recevait, nous priions, vous ployiez, ils cédaient.*

Except. Ayant, *j'avais;* sachant, *je savais.*

3.° Le passé définitif (temps primitif) a quatre terminaisons.

1.re terminaison, *ai, as, a; âmes, âtes, èrent.*
2.e terminaison, *is, is, it, îmes, îtes, irent.*
3.e terminaison, *us, us, ut; ûmes, ûtes, urent.*
4.e terminaison, *ins, ins, int; înmes, întes, inrent.*

4.° Le passé indéfini se forme du participe passé avec le présent de l'indicatif de l'auxiliaire : *J'ai demandé; nous avons chanté; je suis allé, nous sommes venus.*

5.° Le passé antérieur se forme du participe passé avec le passé défini de l'auxiliaire : *J'eus chanté, je fus venu; nous eûmes demandé, nous fûmes allés.*

6.° Le plusque-parfait se forme du participe passé avec l'imparfait de l'indicatif de l'auxiliaire : *J'avais juré, j'étais arrivé; nous avions cru, nous étions sortis.*

7.° Le futur simple se forme du présent de

l'infinitif, en changeant *r*, *oir* en *re*, en *rai*, *ras*, *ra*, *rons*, *rez*, *ront*. *Demander*, *finir*, *recevoir*, *rendre*, *plaire*, *dire*. Futur simple. *Je demanderai*, *tu finiras*, *il recevra*, *nous rendrons*, *vous plairez*, *ils diront*.

EXCEPTIONS.

Première conjugaison. Aller, *j'irai*; envoyer, *j'enverrai*.

Les attributs combinés en *yer*, changent l'*y* en *i* : *Employer*, *payer*, *essuyer*, *balayer*, *broyer*, *nettoyer*. Futur simple. *J'emploierai*, *tu paieras*, *il essuiera*; *nous balaierons*, *vous broierez*, *ils nettoieront*.

Les attributs combinés, qui ont un *e* muet à la pénultième syllabe du présent de l'infinitif, mettent un accent grave sur cet *e*. *Appeler*, *jeter*, *mener*, *peser*, *chanceler*, *fureter*. Futur simple. *J'appèlerai*, *tu jèteras*, *il mènera*; *nous pèserons*, *vous chancèlerez*, *ils furèteront*.

Les attributs combinés, qui ont un accent aigu à l'avant-dernière syllabe du présent de l'infinitif, changent cet accent aigu en un accent grave, au futur simple. *Céder*, *régner*, *créer*, *céler*, *déblatérer*, *espérer*. Futur simple. *Je cèderai*, *tu règneras*, *il crèera*; *nous cèlerons*, *vous déblatèrerez*, *ils espèreront*.

Deuxième conjugaison. Acquérir, *j'acquerrai*; courir, *je courrai*; cueillir, *je cueillerai*; mourir, *je mourrai*; tenir, *je tiendrai*; venir, *je viendrai*.

Troisième conjugaison. Avoir, *j'aurai*; asseoir, *j'asseierai* ou *j'assiérai*; échoir, *j'écherrai*; pourvoir, *je pourvoirai*; pouvoir, *je pourrai*; savoir, *je saurai*; valoir, *je vaudrai; voir, je verrai*; vouloir, *je voudrai*; falloir, *il faudra*.

Quatrième conjugaison. Faire, *je ferai*.

8.° Le futur composé se forme du participe passé avec le futur simple de l'auxiliaire : *J'aurai cru, je serai sorti; nous aurons juré; nous serons arrivés*.

9.° Le conditionnel présent se forme du futur simple, en changeant *rai* en *rais, rais, rait, rions, riez, raient* : *Je finirais, tu recevrais, il rendrait; nous appèlerions, vous jèteriez, ils broieraient*.

10.° Le conditionnel passé se forme du participe passé avec le conditionnel présent de l'auxiliaire : *J'aurais fini, je serais mort; nous aurions fini, nous serions partis*.

11.° L'impératif se forme de la première personne du singulier du présent de l'indicatif, en retranchant le substantif *je* : *Je prie, je rends*, Impératif. *Prie, rends*.

Excep. J'ai, impératif *aie*; je sais, *sache*; je vais, *va*.

Va, impératif de l'attribut combiné *aller*, prend une *s* quand il est suivi de *y* : *Vas-y*. Cependant on supprime l'*s*, si *y* est suivi d'un autre attribut combiné : *Va y trouver ton père*.

Lorsque le substantif *en* et le surattribut *y* sont après l'impératif des attributs combinés de la première conjugaison, on met une *s* à la seconde personne du singulier : *Demandes-en à ton frère, cherches-y ton père*.

L'attribut combiné *vouloir* n'a que la seconde personne du pluriel : *Veuillez*.

12.° Le présent du subjonctif se forme du

participe présent, en changeant *ant* en *e*, *es*, *e*; *ions*, *iez*, *ent* : *Que je demande*, *que tu finisses*, *qu'il rende; que nous payions*, *que vous croyiez*, *qu'ils pensent.*

EXCEPTIONS.

Première conjugaison. Allant, *que j'aille*, *que tu ailles*, etc.

Les attributs combinés en *yer* et ceux dont le participe présent est en *yant*, changent l'*y* en *i*, aux trois personnes du singulier et à la troisième personne du pluriel du présent du subjonctif : *Que je paie, que tu ploies, qu'il croie, qu'ils fuient.*

Les attributs combinés, qui ont un *e* muet à l'avant-dernière syllabe du présent de l'infinitif, mettent un accent sur cet *e* aux trois personnes du singulier et à la troisième personne du pluriel du présent du subjonctif : *Que j'appèle, que tu jètes, qu'il mène, qu'ils carrèlent.*

Ceux qui ont un accent aigu à la pénultième syllabe du présent de l'infinitif, changent cet accent aigu en un accent grave aux mêmes personnes: *Que je cède*, *que tu règnes, qu'il régénère*, *qu'ils agrèent.*

Deuxième conjugaison. Acquérant, *que j'acquière*; mourant, *que je meure*; tenant, *que je tienne*; venant, *que je vienne.*

Troisième conjugaison. Devant, *que je doive*; recevant, *que je reçoive*; fallant, *qu'il faille*; mourant, *que je meure*; pouvant, *que je puisse*; valant, *que je vaille*; voulant, *que je veuille.*

Quatrième conjugaison. Buvant, *que je boive*, faisant, *que je fasse*; prenant, *que je prenne.*

13.° L'imparfait du subjonctif se forme du passé défini de l'indicatif, en changeant *ai* en *asse*, pour la première conjugaison : *Je demandai : que je demandasse*, et en ajoutant *se* pour les trois autres : *Je finis : que je finisse ; je reçus : que je reçusse ; je rendis : que je rendisse.*

Ce temps a quatre terminaisons ; savoir :

1.re terminaison, *asse, asses, ât ; assions, assiez, assent.*
2.e terminaison, *isse, isses, ît ; issions, issiez, issent.*
3.e terminaison, *usse, usses, ût ; ussions, ussiez, ussent.*
4.e terminaison, *insse, insses, înt ; inssions, inssiez, inssent.*

14.° Le passé du subjonctif se forme du participe passé avec le présent du subjonctif de l'auxiliaire : *Que j'aie joué, que je sois parti ; que nous ayons fini, que nous soyons déchus.*

15.° Le plusque-parfait du subjonctif se forme du participe passé avec l'imparfait du même mode de l'auxiliaire : *Que j'eusse ri, que je fusse déchu ; que nous eûssions couru, que nous fussions descendus.*

16.° Le présent de l'infinitif (temps primitif) a quatre terminaisons, savoir : *er, ir, oir* et *re* : *Demander, finir, recevoir, rendre.*

17.° Le passé de l'infinitif se forme du participe passé avec le présent de l'infinitif de l'auxiliaire : *Avoir publié, être descendu.*

18.° Le participe présent (temps primitif) se termine toujours en *ant* : *Chantant, tombant.*

19.° Le participe passé (temps primitif) se termine en *é, i, u, ert*, etc. *Chanté, fini, reçu, ouvert*, etc.

20. Le participe futur n'est autre chose que le présent de l'infinitif précédé du déterminatif *devant* : *Devant aimer, devant danser*, etc.

ARTICLE VIII.

TABLEAU DES TEMPS PRIMITIFS.

1.° TEMPS PRIMITIFS DES ATTRIBUTS COMBINÉS RÉGULIERS.

Présent de l'infinitif.	Participe présent.	Participe passé.	Présent de l'indicatif.	Passé défini de l'indicatif.
PREMIÈRE CONJUGAISON.				
Demander.	Demandant.	Demandé.	Je demande.	Je demandai.
DEUXIÈME CONJUGAISON.				
Finir. Rouir. Ouvrir. Sentir. Dormir. Servir. Tenir.	Finissant. Rouissant. Ouvrant. Sentant. Dormant. Servant. Tenant.	Fini. Roui. Ouvert. Senti. Dormi. Servi. Tenu.	Je finis. Je rouis. J'ouvre. Je sens. Je dors. Je sers. Je tiens.	Je finis. Je rouis. J'ouvris. Je sentis. Je dormis. Je servis. Je tins.
TROISIÈME CONJUGAISON.				
Recevoir	Recevant.	Reçu.	Je reçois.	Je reçus.

Présent de l'infinitif.	Participe présent.	Participe passé.	Présent de l'indicatif.	Passé défini de l'indicatif.
QUATRIÈME CONJUGAISON.				
Rendre.	Rendant.	Rendu.	Je rends.	Je rendis.
Prendre.	Prenant.	Pris.	Je prends.	Je pris.
Craindre.	Craignant.	Craint.	Je crains.	Je craignis.
Teindre.	Teignant.	Teint.	Je teins.	Je teignis.
Joindre.	Joignant.	Joint.	Je joins.	Je joignis.
Contredire.	Contredisant.	Contredit.	Je contredis.	Je contredis
Réduire.	Réduisant.	Réduit.	Je réduis.	Je réduisis.
Paraître.	Paraissant.	Paru.	Je parais.	Je parus.
Plaire.	Plaisant.	Plu.	Je plais.	Je plus.
Fondre.	Fondant.	Fondu.	Je fonds.	Je fondis.
Tordre.	Tordant.	Tordu.	Je tords.	Je tordis.

2.° *Temps primitifs des attributs combinés irréguliers.*

Présent de l'infinitif.	Participe présent.	Participe passé.	Présent de l'indicatif.	Passé défini de l'indicatif.
PREMIÈRE CONJUGAISOM.				
Aller.	Allant.	Allé.	Je vais.	J'allai.
Envoyer.	Envoyant.	Envoyé.	J'envoie.	J'envoyai.
DEUXIÈME CONJUGAISON.				
Acquérir.	Acquérant.	Acquis.	J'acquiers.	J'acquis.
Courir.	Courant.	Couru.	Je cours.	Je courus.
Cueillir.	Cueillant.	Cueilli.	Je cueille.	Je cueillis.
Fuir.	Fuyant.	Fui.	Je fuis.	Je fuis.
Haïr.	Haïssant.	Haï.	Je hais.	Je haïs.
Mourir.	Mourant.	Mort.	Je meurs.	Je mourus.
Tressaillir.	Tressaillant.	Tressailli.	Je tressaille.	Je tressaillis
Vêtir.	Vêtant.	Vêtu.	Je vêts.	Je vêtis.

Présent de l'infinitif.	Participe présent.	Participe passé.	Présent de l'indicatif.	Passé défini de l'indicatif.
TROISIÈME CONJUGAISON.				
Déchoir.	Déchoyant.	Déchu.	Je déchois.	Je déchus.
Mouvoir.	Mouvant.	Mu.	Je meus.	Je mus.
Pleuvoir.	Pleuvant.	Plu.	Il pleut.	Il plut.
Pouvoir.	Pouvant.	Pu.	Je peux.	Je pus.
Pourvoir.	Pourvoyant.	Pourvu.	Je pourvois.	Je pourvus.
S'asseoir.	S'asseyant.	Assis.	Je m'assieds.	Je m'assis.
Savoir.	Sachant.	Su.	Je sais.	Je sus.
Surseoir.	Sursoyant.	Sursis.	Je sursois.	Je sursis.
Valoir.	Valant.	Valu.	Je vaux.	Je valus.
Voir.	Voyant.	Vu.	Je vois.	Je vis.
Vouloir.	Voulant.	Voulu.	Je veux.	Je voulus.
QUATRIÈME CONJUGAISON.				
Battre.	Battant.	Battu.	Je bats.	Je battis.
Boire.	Buvant.	Bu.	Je bois.	Je bus.
Circoncire.	Circoncisant	Circoncis.	Je circoncis.	Je circoncis.
Conclure.	Concluant.	Conclu.	Je conclus.	Je conclus.
Confire.	Confisant.	Confit.	Je confis.	Je confis.
Coudre.	Cousant.	Cousu.	Je couds.	Je cousis.
Croire.	Croyant.	Cru.	Je crois.	Je crus.
Croître.	Croissant.	Crû.	Je croîs.	Je crûs.
Dire.	Disant.	Dit.	Je dis.	Je dis.
Ecrire.	Ecrivant.	Ecrit.	J'écris.	J'écrivis.
Exclure.	Excluant.	Exclus.	J'exclus.	J'exclus.
Faire.	Faisant.	Fait.	Je fais.	Je fis.
Lire.	Lisant.	Lu.	Je lis.	Je lus.
Luire.	Luisant.	Lui.	Je luis.	Je luisis.
Maudire.	Maudissant.	Maudit.	Je maudis.	Je maudis.
Mettre.	Mettant.	Mis.	Je mets.	Je mis.
Moudre.	Moulant.	Moulu.	Je mouds.	Je moulus.
Naître.	Naissant.	Né.	Je nais.	Je naquis.
Nuire.	Nuisant.	Nui.	Je nuis.	Je nuisis.
Résoudre.	Résolvant.	Résolu.	Je résous.	Je résolus.
Rire.	Riant.	Ri.	Je ris.	Je ris.
Rompre.	Rompant.	Rompu.	Je romps.	Je rompis.
Suffire.	Suffisant.	Suffi.	Je suffis.	Je suffis.
Suivre.	Suivant.	Suivi.	Je suis.	Je suivis.
Vaincre.	Vainquant.	Vaincu.	Je vains.	Je vainquis.
Vivre (1).	Vivant.	Vécu.	Je vis.	Je vécus.

(1) Les attributs combinés composés de ceux-ci, se conjuguent de même : Ainsi, *survivre* se conjuguent comme *vivre*.

CONJUGAISON

DES ATTRIBUTS COMBINÉS DÉFECTIFS.

Faillir. Faillant; failli; je faux, tu faux, il faut; nous faillons, vous faillez, ils faillent. — *Hors d'usage à l'imparfait.* — Je faillis, nous faillîmes. — Je faudrai, nous faudrons. — *Hors d'usage au conditionnel présent.* — Faux, faillons, faillez. — Que je faille, que nous faillions. — Que je faillisse, que nous faillissions. — Les temps composés de cet attribut combiné, qui sont tous usités, se conjuguent avec l'auxiliaire *avoir*.

Ouïr. Ouï. — Hors d'usage au présent de l'indicatif *j'ois*, à l'imparfait *j'oyois*, au futur *j'oirai*, et aux temps qui en sont formés. — J'ouïs, nous ouïmes. — Que j'ouïsse, que nous ouïssions. — Les temps composés de cet attribut combiné, qui sont usités, se conjuguent avec *avoir*.

Conquérir. Conquérant; conquis. — *Le présent de l'indicatif n'est pas usité.* — Je conquis, nous conquîmes. — Point de futur simple, ni de conditionnel présent, ni d'impératif, ni de présent du subjonctif. — Que je conquisse, que nous conquissions. — Les temps composés de cet attribut combiné sont usités, ils se conjuguent avec *avoir*.

Jaillir. Jaillissant; jailli. — Il jaillit. — *Point d'imparfait.* — Il jaillit. — Il a jailli. — Il eut jailli. — Il avait jailli. — Il jaillira. — Il aura jailli. — Il jaillirait. — Il aurait jailli. — Qu'il j'aillisse. — Qu'il jaillît. — Qu'il ait jailli. — Qu'il eût jailli.

SAILLIR. Sortir avec impétuosité et par secousses; en parlant des liquides, se conjugue sur *finir*.

SAILLIR. *S'avancer en dehors*. Il n'est en usage qu'aux troisièmes personnes. Il saille, il a sailli, il saillera.

CHALOIR. N'est en usage que dans cette phrase: *Il ne m'en chaut pas.*

CHOIR. Ne se dit qu'à l'infinitif et au participe *chu*, *chue* qui prend *être*.

ÉCHOIR. Échéant; échu. — Il échoit *ou* il échet, ils échéent. — *Point d'imparfait*. — J'échus, il échut. — Il est échu. — Il fut échu. — Il était échu. — Il écherra, ils écherront. — Il sera échu. — Il écherraït, ils écherraient. — Il serait échu. — *Point d'impératif*. — Qu'il échée, qu'ils échéent. — Que j'échusse, qu'il échût. — Que je sois échu, qu'il soit échu. — Qu'il fût échu.

QUÉRIR. Il n'est usité qu'à l'infinitif: *Allez le quérir, venez me quérir.*

SEOIR. (Convenir). Il sied, ils siéent. — Il seyait, ils seyaient. — Il siéra, ils siéront. — Il siérait, ils siéraient. — Qu'il siée, qu'ils siéent. — Les autres temps manquent.

SEOIR (Être assis.) Ne se dit qu'aux participes *séant*, *sis*, *sise*.

ABSOUDRE. Absolvant; absous, te. — J'absous. — Point de passé défini ni d'imparfait du subjonctif. — Les autres temps se forment régulièrement.

ACCROIRE. N'a que le présent de l'infinitif. *Faire accroire; s'en faire accroire.*

Braire. Il brait, ils braient. — Il braira, ils brairont. — Il brairait, ils brairaient. — Les autres temps sont peu usités.

Bruire. Bruyant. — Il bruyait, ils bruyaient. — Les autres temps de cet attribut combiné ne sont pas en usage.

Clore. Clos. Je clos, tu clos, il clôt. — Je clorrai, nous clorrons. — Je clorrais, nous clorrions. — Clos. — Les autres temps ne sont pas usités. Il se conjugue avec *avoir* dans ses temps composés.

Éclore. Éclos. — Il éclôt, ils éclosent. — Il éclorra, ils éclorront. — Il éclorrait, ils éclorraient. — Qu'il éclose, qu'ils éclosent. — Les autres temps ne sont pas en usage. Il prend *être* pour auxiliaire : Il est éclos *ou* elle est éclose, ils sont éclos *ou* elles sont écloses, etc.

Frire. Frit. — Je fris, tu fris, il frit. Nous frirons, vous frirez, ils friront. — Je frirai. — Je frirais. — Fris. — *Hors d'usage aux autres temps*. — Il prend *avoir* pour auxiliaire.

Paître. Paissant; pu. — Je pais, nous paissons. — Je paissais. — Je paîtrai. — Je paîtrais. — Pais. — Que je paisse. — Aucun autre temps. Les temps composés de cet attribut sont inusités, cependant on dit : *Il a pu et repu*.

Sourdre. L'eau sourd *ou* sourdait. Les eaux sourdent *ou* sourdaient. — Les autres temps manquent.

Traire. Trayant; trait. — Je trais. — Point de passé défini ni d'imparfait du subjonctif. — Il prend *avoir* pour auxiliaire.

Nota. Les attributs combinés composés de ceux-ci, se conjuguent de même; ainsi : *Reconquérir* se conjugue comme *conquérir*; *rejaillir* comme *jaillir*; *enclore*, *déclore*, *renclore* comme *clore*; *repaître* comme *paître*, etc.

ARTICLE IX.

MODÈLE DE CONJUGAISON POUR LES ATTRIBUTS COMBINÉS PASSIFS.

INDICATIF. PRÉSENT.

	MASCULIN.		FÉMININ.
Singulier.	Je suis aimé.	*Singulier.*	Je suis aimée.
Pluriel.	Nous sommes aimés.	*Pluriel.*	Nous sommes aimées.

IMPARFAIT.

J'étais aimé.	J'étais aimée.
Nous étions aimés.	Nous étions aimées.

PASSÉ DÉFINI.

Je fus aimé.	Je fus aimée.
Nous fûmes aimés.	Nous fûmes aimées.

PASSÉ INDÉFINI.

J'ai été aimé.	J'ai été aimée.
Nous avons été aimés.	Nous avons été aimées.

PASSÉ ANTÉRIEUR.

J'eus été aimé.	J'eus été aimée.
Nous eûmes été aimés.	Nous eûmes été aimées.

PLUSQUE-PARFAIT.

J'avais été aimé.	J'avais été aimée.
Nous avions été aimés.	Nous avions été aimées.

FUTUR SIMPLE.

Je serai aimé.	Je serai aimée.
Nous serons aimés.	Nous serons aimées.

FUTUR COMPOSÉ.

MASCLIN.	FÉMININ.
J'aurai été aimé.	J'aurai été aimée.
Nous aurons été aimés.	Nous aurons été aimées.

CONDITIONNEL. Présent.

Je serais aimé.	Je serais aimée.
Nous serions aimés.	Nous serions aimées.

CONDITIONNEL. Passé.

J'aurais *ou* j'eusse été aimé.	J'aurais *ou* j'eusse été aimée.
Nous aurions *ou* nous eussions été aimés.	Nous aurions *ou* nous eussions été aimées.

IMPÉRATIF.

Sois aimé.	Sois aimée.
Soyons aimés.	Soyons aimées.
Soyez aimés.	Soyez aimées.

SUBJONCTIF. Présent *ou* Futur.

Que je sois aimé.	Que je sois aimée.
Que nous soyons aimés.	Que nous soyons aimées.

IMPARFAIT.

Que je fusse aimé.	Que je fusse aimée.
Que nous fussions aimés.	Que nous fussions aimées.

PASSÉ.

Que j'aie été aimé.	Que j'aie été aimée.
Que nous ayons été aimés.	Que nous ayons été aimées.

PLUSQUE-PARFAIT.

Que j'eusse été aimé.	Que j'eusse été aimée.
Que nous eussions été aimés.	Que nous eussions été aimées.

INFINITIF. Présent.

Être aimé *ou* aimés.	Être aimée *ou* aimées.

PASSÉ.

Avoir été aimé *ou* aimés.	Avoir été aimée *ou* aimées.

PARTICIPE PRÉSENT.

Étant aimé *ou* aimés.	Étant aimée *ou* aimées.

PARTICIPE PASSÉ.

Ayant été aimé *ou* aimés.	Ayant été aimée *ou* aimées.

PARTICIPE FUTUR.

Devant être aimé *ou* aimés.	Devant être aimée *ou* aimées.

Observation. Je n'indique que les premières personnes de chaque temps, parce que ces attributs ne sont autre chose que le verbe (être) et le participe passé d'un attribut combiné actif. Il faut conjuguer de même : *Etre loué*, *être averti*, *être aperçu*, *être entendu*, etc.

ARTICLE X.

ATTRIBUTS COMBINÉS NEUTRES.

Les attributs combinés neutres se conjuguent comme les attributs combinés actifs. Cependant *aller*, *arriver*, *décéder*, *déchoir*, *descendre*, *monter*, *outrer*, *sortir*, *mourir*, *naître*, *partir*, *passer*, *tomber*, *venir*, et tous les attributs combinés neutres qui en sont composés, comme : *Rentrer*, *revenir*, etc., conjuguent leurs temps composés avec l'auxiliaire *être*.

Conjugaison d'un attribut combiné neutre avec être.

INDICATIF. Présent.	IMPARFAIT.
Je reste.	Je restais, etc.
Tu restes.	
Il *ou* elle reste.	PASSÉ DÉFINI.
Nous restons.	
Vous restez.	
Ils *ou* elles restent.	Je restai.

PASSÉ INDÉFINI.

Je suis resté *ou* restée.
Nous sommes restés *ou* restées.

PASSÉ ANTÉRIEUR.

Je fus resté *ou* restée.

PLUSQUE-PARFAIT.

J'étais resté *ou* restée.

FUTUR SIMPLE.

Je resterai.

FUTUR COMPOSÉ.

Je serai resté *ou* restée.

CONDITIONNELS. PRÉSENT.

Je resterais.

PASSÉ.

Je serais resté *ou* restée.

IMPÉRATIF.

Reste.

SUBJONCTIF.
PRÉSENT *ou* FUTUR.

Que je reste.

IMPARFAIT.

Que je restasse.

PASSÉ.

Que je sois resté *ou* restée.

PLUSQUE-PARFAIT.

Que je fusse resté *ou* restée.

INFINITIF.

PRÉSENT.

Rester.

PASSÉ.

Être resté *ou* restée.

PARTICIPES.

PRÉSENT.

Restant.

PASSÉ.

Etant resté *ou* restée.

FUTUR.

Devant rester.

ARTICLE XI.

ATTRIBUTS COMBINÉS RÉFLÉCHIS.

Les attributs combinés réfléchis se conjuguent avec *être* dans leurs temps composés.

INDICATIF. Présent.

Je me flatte.
Tu te flattes.
Il *ou* elle se flatte.
Nous nous flattons.
Vous vous flattez.
Ils *ou* elles se flattent.

IMPARFAIT.

Je me flattais, etc.

PASSÉ DÉFINI.

Je me flattai.

PASSÉ INDÉFINI.

Je me suis flatté *ou* flattée.
Nous nous sommes flattés *ou* flattées.

PASSÉ ANTÉRIEUR.

Je me suis flatté *ou* flattée.

PLUSQUE-PARFAIT.

Je m'étais flatté *ou* flattée.

FUTUR SIMPLE.

Je me flatterai.

FUTUR COMPOSÉ.

Je me serai flatté *ou* flattée.

CONDITIONNELS.

Présent.

Je me flatterais.

PASSÉ.

Je me serais flatté *ou* flattée.

IMPÉRATIF.

Flatte-toi.
Flattons-nous.
Flattez-vous.

SUBJONCTIF.

Présent *ou* Futur.

Que je me flatte.

IMPARFAIT.

Que je me flattasse.

PASSÉ.

Que je me sois flatté *ou* flattée.

PLUSQUE-PARFAIT.

Que je me fusse flatté *ou* flattée.

INFINITIF. Présent.

Se flatter.

PASSÉ.

S'être flatté *ou* flattée.

PARTICIPES. Présent.

Se flattant.

PASSÉ.

S'étant flatté *ou* flattée.

FUTUR.

Devant se flatter.

Conjuguez de même : *Se louer*, *se repentir*, *s'apercevoir*, *se plaindre*, etc.

Observation. Dans les attributs combinés réfléchis *s'en aller*, *s'en moquer*, *s'en repentir*, etc., le mot *en* doit toujours précéder l'auxiliaire *être*. Ainsi, au lieu de : *Je me suis en allé*, *il s'était en allé*, *nous nous serions en allés*, dites : *Je m'en suis allé*, *il s'en est allé*, *nous nous en serions allés*.

ARTICLE XII.

ATTRIBUTS COMBINÉS IMPERSONNELS.

Les attributs combinés impersonnels ne se conjuguent qu'à la troisième personne du singulier.

INDICATIF. Présent.

Il faut. | Il y a.

IMPARFAIT.

Il fallait. | Il y avait.

PASSÉ DÉFINI.

Il fallut. | Il y eut.

PASSÉ INDÉFINI.

Il a fallu. | Il y a eu.

PASSÉ ANTÉRIEUR.

Il eut fallu. | Il y eut eu.

PLUSQUE-PARFAIT.

Il avait fallu. | Il y avait eu.

FUTUR SIMPLE.

Il faudra. | Il y aura.

FUTUR COMPOSÉ.

Il aura fallu. | Il y aura eu.

CONDITIONNELS. PRÉSENT.

Il faudrait. | Il y aurait.

PASSÉ.

Il aurait fallu. | Il y aurait eu.

SUBJONCTIF.
PRÉSENT *ou* FUTUR.

Qu'il faille. | Qu'il y ait.

IMPARFAIT.

Qu'il fallût. | Qu'il y eût.

PASSÉ.

Qu'il ait fallu. | Qu'il y ait eu.

PLUSQUE-PARFAIT.

Qu'il eût fallu. | Qu'il y eût eu.

INFINITIF. PRÉSENT.

Falloir. | Y avoir.

PARTICIPE PASSÉ.

Ayant fallu. | Y ayant eu.

ARTICLE XIII.

DE LA DÉRIVATION DE QUELQUES ATTRIBUTS COMBINÉS.

ÉCRIVEZ :	Affectionner.	À CAUSE DES PRIMITIFS. :	Affection.
	Bourdonner.		Bourdon.
	Chenaler.		Chenal.
	Dégoûter.		Goût.
	Ecailler.		Ecaille.
	Fainéanter.		Fainéant
	Gigotter.		Gigot.
	Heurter.		Heurt.
	Incendier.		Incendie.
	Jardiner.		Jardin.
	Labourer.		Labour.

ÉCRIVEZ :	Monnayer. Niaiser. Officier. Porter. Quêter. Radouber. Sceller. Taquiner. Unir. Valider. Veiller.	A CAUSE DES PRIMITIFS :	Monnaie. Niais. Office. Port. Quête. Radoub. Scel. Taquin. Union. Valide. Veille.

REMARQUES ;

1.° Les consonnes finales ne sonnent pas dans plusieurs mots; elles sont indiquées par la dérivation. Ainsi : *Accès*, *bastion*, *calfat*, *détail*, *étançon*, *franc*, *plomb*, *champ*, etc., ont pour dérivés *accessible*, *bastionné*, *calfater*, *détailler*, *étançonner*, *franchise*, *plomber*, *champêtre*, où l'on distingue la consonne finale.

2.° Ecrivez avec un seul *é* tous les substantifs qui viennent des attributs qualificatifs ; comme : *Amabilité* (d'aimable,) *bonté* (de bon,) *magnanimité* (de magnanime.)

3.° Ecrivez avec deux *ée* les substantifs qui viennent des attributs combinés : *épaulée* (d'épauler), *portée* (de porter), *entrée* (d'entrer), etc., et ceux qui admettent le son de l'*é* à la pénultième syllabe des mots latins, d'où ils émanent : *Pompée* (de Pompeus) , *athée* (d'atheus), etc.

4.° Ecrivez : *Psaume* (de psalmus,) et non *pseaume*; *tisane* et non *ptisane*.

5.° Il faut écrire, par *ai* et non par *oi*, tous les mots auxquels l'on veut donner le son de *ais* : *Anglais*, *français*, *monnaie*, *paraître*, etc.

6.° La lettre *j* ne s'emploie jamais devant un *i*, à moins que ce ne soit le substantif relatif *j'* pour *je*, comme dans : *J'inscrivis*, *j'y vais*.

7.° Ecrivez : *Prudence*, *science*, *constance*, *vigilance*, à cause des mots latins *prudentia*, *scientia*, *constantia*, *vigilantia*.

ARTICLE XIV.

HOMONYMES,

Ou Mots qui ont une orthographe différente, avec une prononciation à peu près semblable.

A.	att. comb.	Il *a* remporté la palme.
A.	dét.	Il est allé *à* Paris.
Ah !	excl.	Qui exprime la *joie*, la *douleur*, etc.
As.	att. c. *et* sub.	Tu *as*, un *as*.
Aa.	sub.	La rivière d'*Aa* (Prononcez d'a).
Ai, etc.	att. comb.	J'*ai* vu, que j'*aie* ri, que tu *aies* ri, qu'il *ait* ri, qu'ils *aient* ri. *Aye.*
Es, est.	v.	Tu *es*, il *est* prudent.
Et.	conj.	Vous *et* moi.
Es.	dét.	Maître *ès*-arts.
Ais.	sub.	Planche de bois.
Haie.	sub.	Une *haie* d'épines.
Hais, etc.	att. comb.	Je *hais*, tu *hais*, il *hait*.
Hé !	excl.	*Hé* ! mon fils, viens vite.
Eh !	excl.	*Eh* ! misérable que je suis, puis-je encore espérer le bonheur !
Aix.	sub.	Ville.
Aise.	sub.	Vivre à l'*aise*.
Esse.	sub.	L'*esse* retient la roue à l'essieu.

Aile.	sub.	Elle est encore sous l'*aile* de sa mère.
Elle.	sub.	*Elle* est gentille.
Air.	sub.	Il a de votre *air*. Il ne fait point d'*air*.
Aire.	sub.	Ville. Place où l'on bat le grain. *Aire* de maison. Nid de l'aigle.
Ere.	sub.	L'*ère* chrétienne.
Erre, etc.	attr. comb.	J'*erre*, tu *erres*, il *erre*, ils *errent*.
Erre.	sub.	Aller grand *erre*, belle *erre*.
Ers.	sub.	Plante.
Haire.	sub.	Le cilice et la *haire*.
Hère.	sub.	Un pauvre *hère*.
Alène.	sub.	Outil d'un cordonnier.
Haleine.	sub.	Faculté de respirer.
Aine.	sub.	Etre blessé dans l'*aine*.
Aisne.	sub.	Rivière.
Haine.	sub.	La *haine* des procès.
An.	sub.	Cette maison est louée pour un *an*.
En.	sub. *et* dét.	Elle *en* prend *en* compagnie.
Han.	sub.	Sorte de caravanserail.
Ham.	sub.	Ville.
Ame.	sub.	L'*âme* est immortelle.
Amand.	sub.	Nom propre.
Amande.	sub.	Manger des *amandes*.
Amende.	sub.	Payer une *amende*.
Amende, etc.	att. comb.	J'*amende*, tu *amende*, etc.
Ancre.	sub.	Les vaisseaux sont à l'*ancre*.
Encre.	sub.	Vous écrivez avec de la bonne *encre*.
Antre.	sub.	Grotte faite par la nature.
Entre.	dét.	*Entre* vous et moi.
Entre, etc.	att. comb.	J'*entre*, tu *entres*, etc.
Août.	sub.	Le mois d'*Août* (prononcez d'oût.)
Ou.	conj.	Vous *ou* moi.
Où.	sur.	*Où* allez-vous ?
Houe.	sub.	Il travaille avec la *houe*.
Houx.	sub.	Abrisseau toujours vert.
Appas.	sub.	Elle a beaucoup d'*appas*.
Appât.	sub.	C'est un *appât* trompeur.
Apprêt.	sub.	Faire de grands *apprêts*.
Après.	dét. et sur.	*Après* le déluge. Vous irez *après*.
Arc.	sub.	Il tire de l'*arc*.
Are.	sub.	Trente-cinq *ares*. Quarante-cinq *centiares*.
Arrhes.	sub.	Il a donné des *arrhes* au coche.
Ars.	sub.	Saigner un cheval des quatre *ars*.
Art.	sub.	L'*art* de la guerre, de la poésie, etc.
Hart.	sub.	Lien d'osier dont on lie les fagots.
Au.	att. dét. *et* dét.	Aller *au* bal, *aux* noces.
Aux *ou* aulx.	sub.	Pluriel d'ail.
Eau.	sub.	Nous aurons de l'*eau*.

Haut.	sub. *et* att. qu.	Le *haut* d'une montagne. C'est un homme *haut*.
Ho !	excl.	*Ho* ! que faites-vous ?
O.	excl.	O mon fils.
Oh !	excl.	*Oh* ! que cela est superbe !
Os.	sub.	Les *os* lui percent la peau.
Auspice.	sub.	Sous les *auspices* de quelqu'un.
Hospice.	sub.	(Hôpital), l'*hospice* de St.-Omer.
Autel.	sub.	Le sacrifice de l'*autel*.
Hôtel	sub.	L'*hôtel* de ville est très-grand.
Auteur.	sub.	Il est l'*auteur* de cette grammaire.
Hauteur.	sub.	Il est tombé de sa hauteur.
Avant.	dét. *et* sur.	*Avant* terme. N'allez pas plus *avant*.
Avent.	sub.	Prêcher l'*Avent*.
Bal.	sub.	Le *bal* était beau. Reine du *bal*.
Bâle.	sub.	Ville.
Bale.	sub.	Ecailles qui enveloppent les parties de la fructification des graminées.
Balle.	sub.	Jour à la *balle*. J'ai mis deux *balles* dans mon fusil.
Bai.	att. qu.	Son cheval est *bai*.
Baie.	sub.	Rade, petit golfe.
Bée.	att. qu.	Tonneau à gueule *bée*.
Bey.	sub.	Gouverneur d'une ville chez les Turcs.
Bail.	sub.	Contrat par lequel on afferme une terre, on loue une maison.
Baille.	sub.	Moitié d'un tonneau en forme de baquet.
Balai.	sub.	On ôte les ordures d'un lieu avec le *balai*.
Balaie, etc.	att. comb.	Je *ballaie*, tu *balaies*, etc.
Balais.	att. qu.	Ce liquide est *balais*.
Ballet.	sub.	D'opéra.
Ban.	sub.	Publication de mariage. Il a convoqué le *ban* et l'arrière-*ban*.
Banc.	sub.	D'église, de galère, de sable, etc.
Bar.	sub.	Ville.
Bard.	sub.	Civière à bras.
Barre.	sub.	Fermer avec une *barre*.
Barre, etc.	att. comb.	Je *barre*, tu *barres*, etc.
Barres.	sub.	Jouer aux *barres*.
Bas.	sub.	Le *bas* du pavé. Faiseur de *bas*.
Bas.	att. qu. *et* sur.	Esprit *bas*. Ils ont mis *bas* les armes.
Bat.	sub.	Queue de poisson. Il a trois pieds entre œil et *bat*.
Bât.	sub.	Le *bât* d'un âne.
Bats, etc.	att. comb.	Je *bats*, tu *bats*, etc.
Batail.	sub.	Battant de cloche.

Bataille.	sub. *et* att. comb	Gagner, perdre la *bataille*. Je *bataille*, tu *batailles*, etc.
Baile.	sub.	Titre que prenait l'ambassadeur de Venise à la Porte.
Bel, belle.	att. qu.	Un *bel* homme, une *belle* femme.
Bau.	sub.	Solives mises par le travers d'un vaisseau pour soutenir les tillacs.
Baud.	sub.	Chien courant.
Baux.	sub.	Pluriel de bail.
Beau.	att. qu.	Le temps est *beau*.
Bot.	sub. *et* att. qu.	Gros bateau flamand. Cet homme a le pied *bot*.
Beauté.	sub.	C'est une beauté.
Botté.	part.	Cet homme est *botté*.
Bête.	sub. *et* att. qu.	Animal irraisonnable. Il est *bête*.
Bette.	sub.	Plante.
Béni.	part.	Il est *béni* de tous les pauvres.
Bénit.	part.	Du pain *bénit*.
Bile.	sub.	Purger la *bile*. C'est sur moi qu'il a déchargé sa *bile*.
Bill.	sub.	Projet d'acte du Parlement d'Angleterre.
Bille.	sub.	Faire une *bille*.
Billion.	sub.	Mille millions.
Billon.	sub.	Monnaie de cuivre.
Bloc.	sub.	Un *bloc* de marbre.
Blot.	sub.	Instrument pour mesurer le chemin d'un vaisseau.
Bon.	sub. *et* att. qu.	Cet homme a du *bon*. Dieu est *bon*.
Bond.	sub.	Il a pris la balle au *bond*.
Bosse.	sub.	Donner dans la *bosse*. Relevé en *bosse*.
Beauce.	sub.	Province de France.
Bou.	sub.	Thé *bou*.
Boue.	sub.	Le beau temps change la *boue* en poussière.
Bout.	sub.	Entendre un *bout* de Messe.
Bous, etc.	att. comb.	Je *bous*, tu *bous*, etc.
Bouc.	sub.	Le mâle de la chèvre.
Boug.	sub.	Fêtes des lanternes qu'on célèbre au Japon, en mémoire des morts.
Brie.	sub.	Province de France. Barre de boulanger, qui sert à battre la pâte.
Bris.	sub.	Un bris de poisson.
Brai.	sub.	Espèce de goudron.
Braie.	sub. *et* att. comb.	Langes ou couches. Que je *braie*, que tu *braies*, etc.
Brée.	sub.	Garniture en fer du manche d'un marteau de forge.

But.	sub.	Aller au *but*.
Bute.	sub.	Instrument pour couper la corne des chevaux.
Butte.	sub.	Le haut de la *butte*. Poudre de *butte*.
Bouilli.	sub. *et* part.	Viande bouillie. Il a *bouilli*.
Bouillie.	sub.	Lait et farine bouillis, qu'on donne aux enfans.
Bouillis, etc.	att. comb.	Je *bouillis*, tu *bouillis*, etc.
Çà.	excl. *et* sur.	*Çà*, commençons. Qui *çà*, qui *là*.
Ç'a.	sub. *et* att. comb	*Ç'a* été lui.
Sa.	att. dét.	*Sa* maison.
Sacs.	sub.	Trente *sacs* de blé.
Sas.	sub.	Passer la farine au *sas*.
Caille.	sub.	Tuer une *caille*.
Cal.	sub.	Durillon aux pieds, aux mains, etc.
Cale.	sub. *et* att. comb	Fond de *cale*. Mettre une *cale* sous la table. Je *cale*, tu *cales*, etc.
Caen.	sub.	Ville.
Camp.	sub.	L'alarme est au *camp*.
Cham.	sub.	Fils de Noé.
Kan.	sub.	Le *kan* des tartares.
Kent.	sub.	Province d'Angleterre.
Quand.	conj.	*Quand* est-il venu ?
Quant.	dét.	*Quant* à moi.
Qu'en.	conj. *et* sub.	Il ne fait *qu'en* rire.
Cahot.	sub.	Le *cahot* d'une voiture.
Chaos.	sub.	La nature était encore dans le *chaos*.
Cap.	sub.	Promontoire. Mettre le *cap* au vent.
Cape.	sub.	Ancien manteau à capuchon. N'avoir que la *cape* et l'épée.
Cane.	sub.	Femelle du canard.
Canne.	sub.	Bâton.
Car.	conj.	Pleurez ; *car* vous en avez sujet.
Carre.	sub. *et* att. comb	La *carre* d'un chapeau. Je *carre*, tu *carres*, etc.
Quart.	sub.	Le *quart* d'une *aune*.
Carte.	sub.	Une *carte* géographique.
Quarte.	att. qu.	La fièvre *quarte*.
Cartier.	sub.	Celui qui fait des cartes à jouer.
Quartier.	sub.	Il reste dans notre *quartier*.
Caracol.	sub.	Escalier en *caracol*.
Caracole.	sub. *et* att. comb	Faire des *caracoles*. Ce cheval *caracole*.
Ce.	sub. *et* att. dét.	*Ce* livre est bon. Voilà *ce* qui me console.
Ceux.	sub.	*Ceux*-ci.
Se.	sub.	Jacques *se* promène.
Cens.	sub.	Redevance annuelle, et en argent de certains biens aux Seigneurs

Cent.	sub. *et* att. comb	Un *cent* d'œufs. L'an mil huit *cent*
C'en.	sub.	*C'en* est fait.
Sens.	sub. *et* att. comb.	Il a perdu le *sens*, je *sens*, tu *sens*, etc.
S'en.	sub.	Il *s'en* est repenti.
Sang.	sub.	Avoir le *sang* chaud.
Sans.	dét.	*Sans* argent.
Céleri.	sub.	Plante potagère que l'on mange en salade.
Sellerie.	sub.	Lieu où l'on fait les selles, les harnais.
Chaîne.	sub.	De fer, d'argent, de montre, etc.
Chêne.	sub.	Arbre.
Ces, ses.	att. dét.	*Ces* oiseaux. Il est allé voir *ses* terres.
Seps.	sub.	Lézard à jambes courtes.
Sept.	att. dét.	Il a *sept* enfans.
S'est.	sub. *et* v.	Il *s'est* blessé au pied.
C'est.	sub. *et* v.	*C'est* toi qui as ri.
Cep.	sub.	Pied de vigne.
Séez.	sub.	Ville de France.
Sais, etc.	att. comb.	Je *sais*, tu *sais*, etc.
Cène.	sub.	Faire la *Cène* le Jeudi Saint.
Scène.	sub.	La *scène* représente un palais.
Seine.	sub.	Rivière.
Saine.	att. qu.	Cette viande est *saine*.
Ceint.	sub.	Il est *ceint* d'une épée.
Ceins, etc.	att. comb.	Je *ceins*, tu *ceins*, etc.
Cinq.	sub. *et* att. dét.	Le *cinq* du présent mois, j'ai reçu *cinq* francs.
Sain.	att. qu.	Cet homme a un jugement *sain*.
Saint.	att. qu.	C'est un *saint* homme.
Sein.	sub.	Elle a mal au *sein*.
Seing.	sub.	Il a fait un acte sous *seing* privé.
Cèle, etc.	att. comb.	Je *cèle*, tu *cèles*, etc.
Celle.	sub. com. *et* rel.	Cabane. C'est *celle* que j'ai hier rencontrée.
Scel.	sub.	Sceau.
Scelle.	att. comb.	Je *scelle*, tu *scelles*, etc.
Sel.	sub.	Avez-vous mis du *sel* dans la bouillie ?
Selle.	sub. *et* att. com.	*Selle* à tous chevaux, aller à la *selle*. Je *selle*, tu *selles*.
Censé.	part.	Il est *censé* vous appartenir.
Sensé.	att. qu.	C'est un homme *sensé*, une femme *sensée*.
Chair.	sub.	Ecouter la *chair* et le sang.
Chaire.	sub.	Eloquence de la *chaire*.
Cher.	sub. att. qu. *et* s.	Rivière. Cette marchandise est *chère*. Tu me coûtes *cher*.

Chère.	sub. *et* att. qu.	Ma *chère* sœur ne sait quelle *chère* lui faire.
Chaud.	sub. *et* att. qu.	Souffler le froid et le *chaud*. Il a un habit *chaud*.
Chaux.	sub.	Elle blanchit à la *chaux*.
Chant.	sub.	Le *chant* du rossignol me plaît beaucoup.
Champ.	sub.	Le *champ* de bataille lui est demeuré.
Chenil.	sub.	Loge pour les chiens.
Chenille.	sub.	Insecte.
Clamp.	sub.	Pièce de bois appliquée contre un mât pour le fortifier.
Clan.	sub.	En Ecosse, tribu formée d'un certain nombre de familles.
Clans.	sub.	Bouts de pièces de bois qui sont sous les portelots.
Ciseau.	sub.	Instrument de charron, de sculpteur, etc.
Ciseaux.	sub.	Instrument de tailleur d'habits.
Cisoir.	sub.	Ciseau propre à couper l'or ou l'argent.
Cisoire.	sub.	Outil pour graver les poinçons et les carrés.
Clair.	sub. *et* att. qu.	Un beau *clair* de lune. Le temps est *clair*.
Claire.	sub.	Cendres lavées, os calcinés dont on se sert dans l'affinage.
Clerc.	sub.	Un *clerc* de notaire.
Chrême.	sub.	Le saint *Chrême*.
Crème.	sub. *et* att. comb.	De la *crème* de tartre. Le lait *crème*.
Cœur.	sub.	Le *cœur* me soulève.
Chœur.	sub.	Un enfant de *chœur*.
Coi.	att. qu.	Se tenir *coi*. Cette chambre est *coite*.
Quoi.	sub.	*Quoi* de plus beau que la vertu.
Col.	sub.	De chemise, de rabat, etc.
Colle.	sub. *et* att. comb	Attacher avec de la *colle* forte. Je *colle*, tu *colles*, etc.
Compte.	sub. *et* att. comb	Calcul. Etre loin de son *compte*. Je *compte*, tu *comptes*.
Comte.	sub.	Le *comte* de Neuville.
Conte.	sub. *et* att. comb	*Conte* en l'air. Je *conte*, tu *contes*, etc.
Coq.	sub.	Mâle de la poule. Il est rouge comme un *coq*.
Coque.	sub.	La *coque* d'un œuf, d'une noix, etc.
Cor.	sub.	Donner du *cor*.
Cors.	sub.	Il a des *cors* aux pieds.

Corps.	sub.	Il a le *corps* tout de travers.
Cour.	sub.	La *Cour* de Berlin.
Cours.	sub. *et* att. comb	Le *cours* des astres. Je *cours*, tu *cours*, etc.
Court.	att. qu.	Etre *court* d'argent.
Cou.	sub.	Le *cou* d'un chien.
Couds, etc.	att. comb.	Je *couds*, tu *couds*, etc.
Coup.	sub.	Un *coup* de poing.
Coût.	sub.	Le *coût* en fait perdre le goût.
Cri.	sub.	Le *cri* de la nature.
Crie, etc.	att. comb.	Je *crie*, tu *cries*, etc.
Cric.	sub.	Poignard des Malais. On a employé le *cric* pour soulever cette voiture.
Crick.	sub.	Perroquet d'Amérique.
Ci.	sub.	*Ci*-joint. Cet homme-*ci*.
Scie.	sub. *et* att. comb	Outil de menuisier. Je *scie*, tu *scies*, etc.
Si.	sub. conj. *et* sur	Il a toujours des *si* et des *mais*. *Si* cela était, il ne serait pas *si* riche.
Six.	att. dét.	Il a *six* juments dans son écurie.
S'y.	sub. *et* sur.	Il *s'y* est arrêté.
Cyr.	sub.	La maison de Saint-*Cyr*.
Cire.	sub. *et* att. comb	Il ne brûle que de la *cire*. Je *cire*, tu *cires*, etc.
Sire.	sub.	C'est un beau *Sire*.
Sir.	sub.	*Sir*-Arthur.
Crains, etc.	att. comb.	Je *crains*, tu *crains*, etc.
Crin.	sub.	Vendre du *crin*.
Croît.	sub.	Augmentation du bétail par la naissance des petits.
Croix.	sub.	La *Croix* où fut attaché N. S. J.-C.
Crois, etc.	att. comb.	Je *crois* qu'il viendra. Il se *croit* habile.
Croîs, etc.	att. comb.	Je *croîs*, tu *croîs*, elle *croît* en beauté.
Cru.	part. *et* att. qu.	J'ai *cru* cela. Cuir *cru*. Soie *crue*.
Crû.	sub. *et* part.	Cela est de votre *crû*. La rivière a *crû*.
Crus, etc.	att. comb.	Je *crus*, tu *crus*, etc.
Crûs, etc.	att. comb.	Je *crûs*, tu *crûs*, etc.
Crue.	sub.	La *crue* des eaux. Cet arbre n'a pas pris toute sa *crue*.
Dais.	sub.	Le *dais* de cette Eglise est magnifique.
Des.	dét. *et* att. dét.	Le malheur *des* temps.
Dès.	dét.	*Dès* demain. *Dès* l'enfance.
Dey.	sub.	Chef du gouvernement de Tunis.
Dame.	sub.	Cette *dame* est bonne.
Dam.	sub.	A son *dam*. Peine du *dam*.

Dans.	dét.	Il est *dans* sa chambre.
Dent.	sub.	Avoir une *dent* contre quelqu'un. Arracher une *dent*.
Danse.	sub.	Avoir l'air à la *danse*.
Dense.	att. qu.	L'eau est plus *dense* que l'air.
Date.	sub. *et* att. com.	La *date* d'une lettre. Je *date*, tu *dates*, etc.
Datte.	sub.	Fruit du dattier.
Deux.	att. dét.	*Deux* mètres de drap.
De.	dét.	La ville *de* Paris.
Dégoûter.	att. comb.	Oter le goût, l'appétit.
Dégoutter.	att. comb.	Couler goutte à goutte.
Délacer.	att. comb.	*Délacer* un corset, un soulier.
Delasser.	att. comb.	Oter la lassitude, récréer l'esprit.
Dessein.	sub.	Il a *dessein* de partir.
Dessin.	sub.	Art de dessiner.
Différant.	part.	Votre avis *différant* du mien.
Différent.	sub. *et* att. qu.	Terminons ce *différent*.
Doigt.	sub.	Les cinq *doigts* de la main.
Dois, etc.	att. comb.	Je *dois*, tu *dois*, il *doit* cent francs.
Doit.	sub.	Le *doit-et-avoir*.
Dom *ou* Don	sub.	Dom Pèdre.
Don.	sub.	Il a le *don* de la parole.
Donc.	conj.	Je pense, *donc* j'existe.
Dont.	sub.	Le livre *dont* vous me parlez.
D'où.	sur.	*D'où* venez-vous ?
Doux.	att. qu.	Vent *doux*.
Doubs.	sub.	Rivière et département de France.
Dol.	sub.	Tromperie, fraude. — Ville.
Dole.	sub.	Autre ville de France.
Dole.	att. com.	Je *dole*, tu *doles*, etc.
Du.	dét. *et* att. dét.	Donner *du* pain aux pauvres.
Dû.	sub. *et* part.	Demander son *dû*. Il lui est *dû* beaucoup.
Dus.	att. comb.	Je *dus*, tu *dus*, etc.
Echo.	sub.	Etre l'*écho* de quelqu'un. La triste *Echo*.
Ecot.	sub.	Payer son *écot*.
Enter.	att. comb.	Greffer.
Hanter.	att. comb.	Fréquenter.
Envi (à l').	sub.	Avec émulation.
Envie.	sub.	Désir, besoin.
Etain.	sub.	Laine cardée. Cuiller d'*étain*.
Eteins, etc.	att. comb.	J'*éteins*, tu *éteins*, etc.
Etang.	sub.	Il y a beaucoup de poissons dans cet *étang*.
Etant.	part. *et* sub.	Cela *étant*, il faut fuir....... Les *étants* d'une forêt.

Etends, etc.	att. comb.	J'*étends*, tu *étends*, etc.
Eté.	sub. *et* part.	L'*été* fut chaud l'année dernière. Il a *été* malade.
Etaie.	sub. *et* att. comb	Appuyer avec des *étaies*. J'*étaie*, tu *étaies*, etc.
Eu.	sub.	Ville.
Eux.	sub.	Il s'en est rapporté à *eux*.
Œufs.	sub.	Une couple d'*œufs*.
Etre.	sub. *et* att. comb	L'*Etre* suprême. Il faut *être* bon.
Hêtre.	sub.	Arbre.
Exaucer.	att. comb.	Accueillir une prière, accorder ce qu'on demande.
Exhausser.	att. comb.	Elever.
Faim.	sub.	Désir et besoin de manger.
Fin.	sub. *et* att. qu.	La *fin* du monde. Un habit *fin*.
Fais, etc.	att. comb.	Je *fais*, tu *fais*, il *fait*.
Fait.	sub. *et* part.	Prendre sur le *fait*. Un homme *fait*.
Faix.	sub.	Fardeau, charge.
Faîte.	sub.	Comble d'un édifice. Sommet d'un arbre.
Faite.	part.	La sottise que vous avez *faite*, n'est pas pardonnable.
Fête.	sub.	La *fête* de Saint-Folquin.
Fard.	sub.	Composition pour embellir la peau.
Phare.	sub.	Grand fanal pour éclairer les vaisseaux en mer.
Faux *ou* faulx.	sub.	Instrument pour faucher.
Faut.	att. comb.	Il *faut* que vous jouiez.
Faux.	att. qu.	Cela est *faux*.
Fi !	excl.	*Fi* ! que cela est vilain.
Fis, etc.	att. comb.	Je *fis*, tu *fis*, etc.
Fils.	sub.	Mon *fils* est allé à Saint-Omer.
Fil.	sub.	*Fil* à coudre. Suivre le *fil* du bois.
File.	sub. *et* att. com.	Aller à la *file*. Je *file*, tu *files*, etc.
Fille.	sub.	Ma *fille* est dans le jardin.
Flan.	sub.	Sorte de tarte.
Flanc.	sub.	Le *flanc* percé d'une flèche.
Foi.	sub.	Engager, violer sa *foi*.
Foie.	sub.	Un *foie* de cochon.
Fois.	sub.	Je ne l'ai vu que cette *fois*-là.
Foix.	sub.	Ville.
Fond.	sub.	Le *fond* d'un puits, d'un sac, etc.
Fonds.	sub. *et* att. com.	Il a un grand *fonds* d'esprit. Je *fonds*, tu *fonds*, etc.
Font.	att. comb.	Ils *font* leur devoir.
Fonts.	sub.	Les *fonts* baptismaux.
For.	sub.	Le *for* intérieur.
Fort.	sub. *et* att. qu.	Le *fort* d'une voûte. Vent *fort*.

Foret.	sub.	Percer avec un *foret.*
Forêt.	sub.	Les arbres de cette *forêt* sont grands.
Forez.	sub.	Province de France.
Frai.	sub.	*Frai* de poisson. L'argent perd au *frai.*
Fraie, etc.	att. comb.	Je *fraie*, tu *fraies*, etc.
Frais.	sub. *et* att. qu.	Chercher le *frais.* Teint, visage *frais.*
Fret.	sub.	Louage d'un vaisseau pour aller sur mer.
Fui.	part.	Il a *fui.*
Fuis, etc.	att. comb.	Je *fuis*, tu *fuis*, etc.
Futaie.	sub.	Bois, forêt composée de grands arbres.
Futé.	att. qu.	Il est *futé.* Elle est *futée.*
Futée.	sub.	Boucher des fentes avec de la *futée.*
Foire.	sub.	La *foire* de Saint-Omer.
Foarre.	sub.	Longue paille de blé.
Gai.	att. qu.	Il est *gai.* Elle est *gaie.*
Gué.	sub.	Passer la rivière à *gué.*
Guée.	att. comb.	Je *guée*, tu *guées*, etc.
Guet.	sub.	Le *guet* vient de passer. Mot du *guet.*
Gand.	sub.	Ville.
Gant.	sub.	Un *gant*, des *gants.*
Gard.	sub.	Rivière et département de France.
Gare.	sub. *et* att. com.	Lieu destiné sur les rivières à mettre les bateaux à l'abri des glaces. — *Gare* de là; *gare* l'eau.
Geai.	sub.	Oiseau.
J'ai.	att. comb.	*J'ai* de l'embarras pour lui.
Jais.	sub.	Noir comme le *jais.*
Jet.	sub.	Un *jet* d'eau, de pierres, d'abeilles.
Gêne.	sub.	Il est dans la *gêne.*
Gêne.	att. comb.	Je *gêne*, tu *gênes*, etc.
Gènes.	sub.	Ville.
Gens.	sub.	Le droit des *gens.*
Gent.	att. qu.	Il est *gent.* Elle est *gente.*
Jan.	sub.	Le petit *jan.* Le grand *jan.*
Jean.	sub.	Saint *Jean.*
J'en.	sub.	*J'en* ai. *J'en* parle.
Grâce.	sub.	Cette femme, cet habit, cette expression ont de la *grâce.*
Grasse.	att. qu.	Une casse *grasse.*
Graisse.	sub.	La *graisse* de la terre.
Grèce.	sub.	Les peuples de la Grèce.
Grai.	sub.	Ville.
Gré.	sub.	Agir de son *gré*, de plein *gré.*
Grès.	sub.	Un pot de *grès.*
Guère.	sub.	Il n'y a *guère* que lui qui. . . .
Guerre.	sub.	Le loup fait la *guerre* aux brebis.

Hâle.	sub. *et* att. com.	Il a fait *hâle* hier. Il *hâle* bien.
Hale.	att. comb.	Je *hale*, tu *hales*, etc.
Halle.	sub.	Grande ville d'Allemagne.
Halle.	sub.	La *halle* aux farines.
Hall.	sub.	Petite ville du Tirol.
Haute.	att. qu.	La mer est *haute*.
Hôte.	sub.	Manger à table d'*hôte*.
Hotte.	sub.	Sorte de panier qu'on porte sur le dos.
Heur.	sub.	Il n'y a qu'*heur* et malheur dans ce monde.
Heure.	sub.	Il est une *heure* et demie.
Eure.	sub.	Rivière et département de France.
Hérault.	sub.	Rivière et département de France.
Héraut.	sub.	Un *héraut* d'armes.
Héros.	sub.	C'est un *héros*.
Hors.	dét.	*Hors* de la ville.
Or.	sub. *et* conj.	Payer en or. Celui qui médit a tort, *or* tu médis; donc tu as tort.
Ord.	att. qu.	Ce lieu est très-*ord*.
Hure.	sub.	Du sanglier, du saumon.
Ure.	sub.	Bœuf sauvage.
Hui.	sur.	D'*hui* en un mois.
Huis.	sub.	Il est rentré à *huis* clos.
Huit.	att. dét.	*Huit* chevaux.
Jarre.	sub.	Mettre de l'eau dans une *jarre*.
Jars.	sub.	Mâle de l'*oie*.
Je.	sub.	*Je* lui dois de l'estime.
Jeu.	sub.	Le *jeu* de cartes.
Jeune.	att. qu.	Il sera longtemps *jeune*.
Jeûne.	sub. *et* att. com.	Abstinence. — Je *jeûne*, tu *jeûnes*, etc.
La.	sub. *et* att. dét.	Sixième note. — *La* fille de *la* maison, je *la* respecte.
Là.	sur.	Celui-*là*. Par-*là*. Arrêtez-vous *là*?
Las.	att. qu.	Il est *las*.
Lacs.	sub.	Prendre des oiseaux avec des *lacs*.
Lac.	sub.	Grand amas d'eaux dormantes.
Lack.	sub.	Monnaie de compte indienne et russe.
Lacque *ou* laque.	att. qu.	Couleur, gomme *laque*.
Lacer.	att. comb.	Serrer avec un lacet.
Lasser.	att. comb.	Fatiguer.
Lai.	sub. *et* att. qu.	Doléance, complainte. — Frère *lai*, sœur *laie*.
Laie.	sub.	Femelle du sanglier. Route étroite coupée dans un bois.
Lé.	sub.	Cette robe a trois *lés*.
Lais.	sub.	Les clercs et les *lais*. Jeune baliveau.

Laid.	att. qu.	Homme; chien *laid*.
Lait.	sub.	Le *lait* d'une vache.
Les.	att. dét.	*Les* hommes.
Lès.	dét.	Nielles-lès-Ardres.
Legs.	sub.	Donation.
Lard.	sub.	Manger du *lard*.
Lares.	att. qu.	Les dieux *lares*.
Leur.	sub. *et* att. dét.	Je *leur* rends *leurs* livres.
Leurre.	sub. *et* att. comb.	Décharner le *leurre*. Je *leurre*; tu *leurres*, etc.
Lice.	sub.	Femelle du chien. — Entrer en *lice*.
Lisse.	sub. att. qu. *et* att. comb.	Assemblage de grosses pièces de bois qui sert à lier les membres d'un vaisseau. — Joli, uni. — Je *lisse*, tu *lisses*, etc.
Lys.	sub.	Rivière.
Lis.	sub. *et* att. comb.	Fleur de *lis*. — Je *lis*, tu *lis*, etc.
Lie.	sub. *et* att. qu.	La *lie* du vin, du peuple. Faire chère *lie*.
Lit.	sub.	Il était couché dans son *lit*.
Ly.	sub.	Mesure itinéraire de la Chine.
Lieu.	sub.	Il est sorti de bon, de bas *lieu*.
Lieue.	sub.	La *lieue* commune de France est de 2282 toises.
Lion.	sub.	Quadrupède.
Lyon.	sub.	Ville de France.
Lyons.	sub.	Bourg.
Lire.	att. comb.	*Lire* selon les principes.
Lyre.	sub.	Orphée jouait divinement de la *lyre*.
Loin.	sur. *et* dét.	Recevoir de *loin*. Il est *loin* de vous.
Loing.	sub.	Rivière.
Loir.	sub.	Rivière — Petit quadrupède rongeur, qui dort tout l'hiver.
Loire.	sub.	Rivière et département de France.
Lut.	sub.	Enduit pour boucher un vase.
Lute, etc.	att. comb.	Je *lute*, tu *lutes*, etc.
Luth.	sub.	Instrument de musique.
Lutte, etc.	sub. *et* att. comb	Je ne saurais entrer en *lutte* avec toi. — Je *lutte*, tu *luttes*, etc.
Ma.	att. dét.	*Ma* fille.
Mat.	att. qu.	Coloris *mat*. Couleur *mate*.
Mât.	sub.	De vaisseau.
Mai.	sub.	Le moi de *Mai*.
Mais.	conj.	Je le ferais; *mais* je ne puis.
Mes.	att. dét.	*Mes* amis.
Mets.	sub. *et* att. comb.	Je *mets*, tu *mets*, il *met* quatre *mets* sur la table.
Metz.	sub.	Ville.
Maire.	sub.	Le *Maire* d'une ville.
Mer.	sub.	Pleine *mer*, haute *mer*.

Mère.	sub.	Elle est la *mère* des pauvres, de ces enfans.
Maître.	sub.	Le *maître* de la maison.
Mettre.	att. comb.	Il est allé *mettre* son habit.
Mètre.	sub.	Un *mètre* et demi de largeur.
Mal.	sub. *et* sur.	Le bien et le *mal*. Etre *mal* avec quelqu'un.
Mâle.	sub. *et* att. qu.	C'est un vilain *mâle*. Une composition *mâle*.
Malle.	sub.	J'attends ma *malle* pour changer de linge.
Mante.	sub.	Habit de certaines Religieuses.
Mantes.	sub.	Ville.
Mente, etc.	att. comb.	Que je *mente*, que tu *mentes*, etc.
Menthe.	sub.	Plante.
Matin.	sub. *et* sur.	Le *matin* est consacré au travail. Il s'est levé *matin*.
Mâtin.	sub.	Gros chien.
Main.	sub.	Les doigts de la *main*.
Mein.	sub.	Rivière.
Maint.	att. qu.	*Maints* peuples.
Maures.	sub.	Peuples d'Afrique.
More.	sub.	Il m'a traité de turc à *more*. Gris de *more*.
Mords, etc.	att. comb.	Je *mords*, tu *mords*, etc.
Mors.	sub.	Prendre le *mors* aux dents.
Mort.	sub. *et* part.	Je le hais à la *mort*. Il est *mort*.
Maux.	sub.	Un déluge de *maux*.
Meaux.	sub.	Ville.
Mot.	sub.	Je vous dirai cela en un *mot*.
Martyr.	sub.	Les saints *martyrs*.
Martyre.	sub.	Souffrir le *martyre*.
Mari.	sub.	La femme et le *mari*.
Marie.	sub.	La Sainte Vierge *Marie*.
Marri.	att. qu.	Fâché.
Mi.	sub. *et* att. qu.	Note. La *mi*-Août. La *mi*-Carême.
Mie.	sub.	La *mie* d'un pain.
Mis.	att. comb.	Je *mis*, tu *mis*, etc.
M'y.	sub.	Je ne *m'y* fie pas.
Mil.	sub.	Grain fort petit.
Mille.	att. dét.	*Mille* francs.
Moi.	sub.	Vous ou *moi*.
Mois.	sub.	Le *mois* d'Avril.
Mon.	att. dét.	*Mon* habit est neuf.
Mont.	sub.	Le *mont* Etna.
Mou.	sub. *et* att. qu.	Un *mou* de veau. Ce fromage est *mou*.
Moue.	sub.	Faire la *moue*.
Mouds, etc.	att. comb.	Je *mouds*, tu *mouds*, etc.
Moût.	sub.	Vin doux qui n'a point encore bouilli.

Mire.	sub.	La *mire* de mon fusil est perdue.
Myrrhe.	sub.	Une composition de *myrrhe* et d'aloès.
Mur.	sub.	Un gros *mur*. Les *murs* d'une maison.
Mûr.	att. qu.	Age *mûr*. Délibération *mûre*.
Mûre.	sub.	Fruit du mûrier.
Mure, etc.	att. comb.	Je *mure*, tu *mures*, etc.
Nais, etc.	att. qu. *et* sur.	Je *nais*, tu *nais*, etc.
Net.	att. qu. *et* sur.	Un compte *net*. Je vous le dis tout *net*.
Né.	part.	Il est *né* hier matin.
Nez.	sub.	Mettre le *nez* à la fenêtre.
Négligeant.	part.	*Négligeant* ton état, tu deviendras pauvre.
Négligent.	att. qu.	Il est *négligent*.
Non.	sur.	Oui ou *non*.
Nom.	sub.	Nommer les choses par leur *nom*.
Ni.	conj.	*Ni* vous *ni* moi.
Nie.	att. comb.	Je *nie*, tu *nies*, etc.
N'y.	sur. *et* sub.	Je *n'y* pense plus.
Nid.	sub.	Un *nid* d'oiseau.
Noue.	sub.	Tuile ou canal pour égoutter l'eau.
Nous.	sub.	*Nous* travaillons.
Notre.	att. dét.	*Notre* maison.
Nôtre.	sub.	Votre maison est plus belle que la *nôtre*.
Nuit.	sub.	La *nuit* du tombeau.
Nui.	part.	Il m'a *nui*.
Oint.	sub.	L'*oint* du Seigneur.
Oing.	sub.	Du vieux-*oing*.
On.	sub.	*On* parle de vous.
Ont.	att. comb.	Ils *ont* raison.
Oubli.	sub.	Manque de souvenir.
Oublie.	sub.	Sorte de pâtisserie mince et ronde.
Padou.	sub.	Sorte de ruban.
Padoue.	sub.	Ville.
Pain.	sub.	Il mange du *pain* sec.
Peins, etc.	att. comb.	Je *peins*, tu *peins*, etc.
Pin.	sub.	Arbre.
Pair.	sub. *et* att. qu.	Un *pair* de France. Il est *pair* et compagnon avec lui.
Paire.	sub.	Une *paire* de pigeons, de gants, etc.
Père.	sub.	Mon *père* et ma mère.
Pers.	att. qu.	Minerve aux yeux *pers*.
Perds.	att. comb.	Je *perds*, tu *perds*, etc.
Palais.	sub.	Le *palais* du Roi. Le *palais* de la bouche.
Palet.	sub.	Jouer au *palet*.
Par.	dét.	Je passerai *par* Saint-Omer.

Part.	sub.	C'est votre *part.*
Pars, etc.	att. comb.	Je *pars*, tu *pars*, etc.
Parti.	sub. *et* part.	Prendre le *parti* de quelqu'un. Il est *parti.*
Partie.	att. comb.	Une *partie* de chasse.
Partis, etc.	sub.	Je *partis*, tu *partis*. etc.
Parc.	sub.	Chasser dans un *parc.*
Parque.	sub.	La *Parque* avec ses ciseaux.
Pâte.	sub.	Farine détrempée et pétrie pour faire du pain.
Patte.	sub.	*Patte* d'animal.
Pâté.	sub.	Chair ou poisson mis en *pâté.* Faire le *pâté.*
Pâtée.	sub.	Pâte de farine, de son, etc., dont on engraisse la volaille.
Pari.	sub.	Gagner un *pari.*
Paris.	sub.	Ville.
Parie, etc.	att. comb.	Je *parie*, tu *paries*, etc.
Pal.	sub.	Pieu perpendiculaire qui traverse l'écu (blason).
Pale.	sub.	Le calice est couvert avec la *pale.*
Pâle.	att. qu.	Il est *pâle.* Les *pâles* couleurs.
Pau.	sub.	Ville.
Peau.	sub.	Une *peau* de lapin.
Pot.	sub.	Un *pot* de terre.
Pô.	sub.	Le département du *Pô.*
Paul.	sub.	Saint-*Paul.*
Pole.	sub.	Le *pole* arctique.
Peinte.	part.	La candeur est *peinte* sur son front.
Pinte.	sub.	Une *pinte* de vin.
Penne.	sub.	Grosse plume d'oiseau de proie.
Peine.	sub. *et* att. com.	Perdre sa *peine.* Ce peintre *peine* beaucoup ses ouvrages.
Pêne.	sub.	Le *pêne* d'une serrure.
Peut-être.	sur.	*Peut-être* seras-tu heureux.
Peut être.	att. comb. *et* v.	Cela *peut être.*
Plaie.	sub.	La *plaie* se guérit.
Plaid.	sub.	Le *plaid* d'une cause.
Plais, etc.	att. comb.	Je *plais*, tu *plais*, etc.
Pie.	sub.	Oiseau.
Pis.	sub. *et* sur.	Le *pis* d'une vache. Tant *pis.*
Pic.	sub.	Instrument de fer courbé pour casser les choses dures.
Pique.	sub.	Arme. — L'as de *pique.*
Plain.	att. qu.	Chambre de *plain*-pied.
Plains, etc.	att. comb.	Je *plains*, tu *plains*, etc.
Plein.	sub. *et* att. qu.	Le *plein* et le vide. Un écrit *plein* de fautes.
Plan.	sub. *et* att. qu.	Dégradation des *plans.* Angle *plan.*

Plant.	sub.	Une vigne d'un nouveau *plant*.
Plainte.	sub.	Gémissement, lamentation.
Plinthe.	sub.	Terme de menuiserie.
Pli.	sub.	Il a pris son *pli*.
Plie.	sub. *et* att. comb	Poisson de mer. Je *plie*, tu *plies*, etc.
Plu.	part.	Tu m'a *plu*. Il a *plu* ce matin.
Plus.	sur. *et* att. comb.	Il est *plus* instruit que vous. Je *plus*, tu *plus*, etc.
Poids.	sub.	Un *poids* de dix livres.
Pois.	sub.	Manger des *pois*.
Poix.	sub.	Coller avec de la *poix*.
Point.	sub. *et* sur.	Le *point* en est beau. Il n'a *point* d'argent.
Poing.	sub.	Un coup de *poing*. Un oiseau sur le *poing*.
Poiré.	sub.	Cidre de poires.
Poirée.	sub.	Plante potagère.
Poil.	sub.	Couvert de *poil*. Le *poil* des animaux.
Poêle.	sub. m. *et* f.	Se chauffer au *poêle*. — *Poêle* à frire.
Police.	sub. *et* att. com.	La *police* de l'Etat. Je *police*, tu *polices*, etc.
Polisse.	att. comb.	Que je *polisse*, que tu *polisses*, etc.
Pond.	att. comb.	Cette poule ne *pond* pas.
Pont.	sub.	Un *pont* tournant.
Paume.	sub.	Jouer à la *paume*.
Pomme.	sub. *et* att. comb	Manger une *pomme*. Ces choux *pomment*.
Péché.	sub.	Un *péché* mortel.
Pêcher.	att. comb. *et* sub	*Pêcher* du poisson. Tailler un *pêcher*.
Pécher.	att. comb.	Transgresser la loi divine.
Peu.	sub. *et* sur.	Le *peu* que je vaux. Je mange *peu*.
Peux, etc.	att. comb.	Je *peux*, tu *peux*, etc.
Pou.	sub.	Vermine.
Pouls.	sub.	Le *pouls* lui bat.
Pouce.	sub.	Le gros doigt de la main.
Pousse.	sub. *et* att. comb	La *pousse* des arbres. Je *pousse*, tu *pousses*, etc.
Porc.	sub.	*Porc* frais.
Pores.	sub.	Les *pores* de la peau.
Port.	sub.	Faire naufrage au *port*.
Pré.	sub.	Petite prairie. Se trouver sur le *pré*.
Près.	dét.	Il y a *près* de vingt ans.
Prêt.	att. qu. *et* sub.	Soyez *prêt* à me faire un *prêt* de cent francs.
Pris, etc.	att. comb.	Je *pris*, tu *pris*, etc.

Prix.	sub.	Vendu à vil *prix*.
Prou.	sur.	Ni peu ni *prou*.
Proue.	sub.	La *proue* d'un navire.
Puis.	sur. *et* att. comb.	Il fit bien, *puis* encore mieux. Je *puis* cela.
Puits.	sub.	C'est un *puits* de science.
Puy.	sub.	Ville.
Racloir.	sub.	Instrument pour racler.
Racloire.	sub.	Planchette pour racler le dessus d'une mesure de grain.
Rais.	sub.	Rayon, trait de lumière. Rayon d'une roue.
Raie.	sub. *et* att. comb	Poisson. Je *raie*, tu *raies*, etc.
Ré.	sub.	Seconde note de la gamme.
Rets.	sub.	Filet pour prendre des oiseaux, des poissons.
Rez.	dét.	*Rez* pied, *rez* terré.
Raisonner.	att. comb.	Il ne faut pas *raisonner*, il faut obéir.
Résonner.	att. comb.	J'ai entendu l'écho *résonner*.
Ras.	att. qu.	Bâtiment *ras*.
Rat.	sub.	Animal.
Rène.	sub.	Tenir les *rènes* de l'Etat.
Renne.	sub.	Quadrupède de Laponie qui ressemble au cerf.
Rennes.	sub.	Ville.
Reine.	sub.	La *Reine* de France.
Rein.	sub.	Avoir les *reins* forts.
Rhin.	sub.	Fleuve.
Rob.	sub.	Suc épaissi d'un végétal.
Robe.	sub.	Une *robe* de chambre
Rond.	sub. *et* att. qu.	Tracer un *rond*. Un compte *rond*.
Romps, etc.	att. comb.	Je *romps*, tu *romps*, etc.
Rouan.	att. qu.	Cheval *rouan*.
Rouen.	sub.	Ville.
Ros *ou* rot.	sub.	Peigne de tisserand. Vent de la bouche.
Rôt.	sub.	Rôti.
Rôti.	sub.	Viande rôtie.
Rôtie.	sub.	Tranche de pain grillée.
Rôtis, etc.	att. comb.	Je *rôtis*, tu *rôtis*, etc.
Sale.	att. qu. *et* att. c.	Un homme *sale*. Je *sale*, tu *sale*, etc.
Salle.	sub.	La *salle* de l'opéra.
Sandal.	sub.	Bois de *sandal*.
Sandale.	sub.	Chaussure.
Saut.	sub.	Fair un *saut*. Au *saut* du lit.
Seau.	sub.	Un *seau* d'eau.
Sceau.	sub.	Apposer un *sceau*.
Sot.	sub. *et* att. qu.	Tu es un *sot*. Il est *sot*.

Signe.	sub. *et* att. com.	Le *signe* de la Croix. Je *signe*, tu *signes*, etc.
Cygne.	sub.	Oiseau aquatique.
Serein.	sub.	Le ciel est *serein*.
Serin.	att. qu.	Oiseau.
Sol.	sub.	Le *sol* de ce pays est fertile.
Sole.	sub.	Poisson.
Saule.	sub.	Arbre.
Soi.	sub.	N'être pas à *soi*.
Soie.	sub.	Une étoffe de *soie*.
Sois, etc.	att. comb.	Que je *sois*, que tu *sois*, etc.
Soit.	conj.	*Soit* l'un, *soit* l'autre.
Sort.	sub.	Bénir son *sort*.
Sor *ou* saure.	att. qu. *et* att. c.	Cheval *sor*. Hareng *saure*. Je *saure*, etc.
Sors, etc.	att. comb.	Je *sors*, tu *sors*, etc.
Sou.	sub.	Le *sou* vaut 12 deniers.
Soûl.	sub. *et* att. qu.	J'en ai mangé tout mon *soûl*. *Soûl* de vers.
Sous.	dét.	*Sous* le Ciel. *Sous* le toit.
Soufre.	sub. *et* att. comb	Manger du *soufre*. Je *soufre*, tu *soufres*, etc. du vin.
Souffre.	att. comb.	Je *souffre*, tu *souffres*, etc.
Sur.	att. qu. *et* dét.	Ce vin est *sur*. Ecrivez cela *sur* votre livre.
Sûr.	att. qu.	Ce profit est *sûr*. Ce chirurgien a la main *sûre*.
Tache.	sub.	Souillure, marque qui salit. Une *tache* de graisse.
Tâche.	sub.	Prendre à *tâche* de faire une chose.
Ta.	att. dét.	*Ta* fille est malade.
T'a.	sub. *et* att. comb	Il *t'a* écrit.
Tas.	sub.	Un *tas* de blé.
Taie.	sub.	J'ai une *taie* à l'œil. — Le linge qui sert d'enveloppe à un oreiller.
Têt.	sub.	Vase, tesson, crâne.
Tais, etc.	att. comb.	Je me *tais*, tu te *tais*, etc.
Tes.	att. dét.	*Tes* parents sont pauvres.
T'es.	sub. *et* v.	Tu *t'es* trompé.
T'est.	sub. *et* v.	Il *t'est* attaché.
Thé.	sub.	J'aime le *thé* sans lait.
Tan.	sub.	Ecorce de chêne avec laquelle on tanne le cuir.
Tant.	sub.	*Tant* mieux, *tant* pis.
Temps.	sub.	Le *temps* est beau.
T'en.	sub.	Tu *t'en* repentiras.
Tends, etc.	att. comb.	Je *tends*, tu *tends*, etc.
Tante.	sub.	Ma *tante* vous fait des compliments.
Tente.	sub.	Le soldat est sous la *tente*.
Tente.	att. comb.	Je *tente*, tu *tentes*, etc.

Tard.	sur.	Nous arriverons *tard* à Paris.
Tare.	sub.	Déchet, diminution dans la qualité ou la quantité des marchandises.
Taux.	sub.	Prix établi pour la vente des denrées.
Tôt.	sur.	Trop *tôt*.
Tête.	sub.	Il a la *tête* dure.
Tète.	att. comb.	Cet enfant *tète* encore. Il *tète* beaucoup.
Toi.	sub.	C'est *toi* qui triches.
Toit.	sub.	Nous habitons sous le même *toit*.
Ton.	att. dét. *et* sub.	*Ton* frère prend des *tons*.
Tonds, etc.	att. comb.	Je *tonds*, tu *tonds*, etc.
Thon.	sub.	Poisson.
Taon.	sub.	Grosse mouche. (Prononcez *ton*).
Tapi.	part.	Il s'est *tapi* dans un coin.
Tapis.	sub.	Un *tapis* de verdure.
Thrace.	sub.	Le *Thrace* belliqueux. La *Thrace* était un grand pays.
Trace.	sub. *et* att. comb	Ligne sur un terrain, sur du papier. — Je *trace*, tu *traces*, etc.
Thym.	sub.	Feuilles de *thym*.
Teint.	sub. *et* part.	Il a un beau *teint*. Un drap bien *teint*.
Teins, etc.	att. comb.	Je *teins*, tu *teins*, etc.
Tins, etc.	att. comb.	Je *tins*, tu *tins*, etc.
Tain.	sub.	Le *tain* d'un miroir.
Trait.	sub. *et* part.	Lancer un *trait*. Elle a trait sa vache.
Très.	sur.	Elle est *très*-honnête.
Trois.	att. dét.	*Trois* chevaux.
Troie.	sub.	Ville.
Tout.	sub. at. dét. *et* sur.	C'est le *tout*. *Tout* l'univers. *Tout* de bon.
Toue.	sub.	Bâteau qui sert de bac.
Toux.	sub.	Il a une *toux* sèche.
Tyran.	sub.	L'usage est le *tyran* des langues.
Tirant.	part.	Une étoffe *tirant* sur le noir.
Tor.	sub.	Ville de Russie.
Tore.	sub.	Gros anneaux des bases des colonnes.
Tors.	att. qu.	Il a le cou *tors*.
Tort.	sub.	Lésion, dommage.
Tords, etc.	att. comb.	Je *tords*, tu *tords*, etc.
Tour.	sub.	C'est la *tour* de Babel. Faire un *tour*.
Tours.	sub.	Ville.
Tribu.	sub.	La *tribu* de Juda.
Tribut.	sub.	Il a payé le *tribut* à la nature.
Trop.	sub. *et* sur.	Oter le *trop*. Il a *trop* d'orgueil.
Trot.	sub.	Aller au *trot*.
Vain.	att. qu.	Un homme *vain*.
Vaincs, etc.	att. comb.	Je *vaincs*, tu *vaincs*, etc.
Vin.	sub.	Ce *vin* est bon.

Vingt.	att. dét.	*Vingt* francs.
Vins, etc.	att. comb.	Je *vins*, tu *vins*, etc.
Vaine.	att. qu.	La *vaine* gloire.
Vaines.	sub.	Fumées légères.
Veine.	sub.	Ouvrir la *veine*.
Vair.	sub.	Fourrure d'argent et d'azur.
Ver.	sub.	Un *ver* à soie. Le *ver* rongeur.
Verre.	sub.	Un *verre* de vin.
Vers.	sub. *et* dét.	*Vers* alexandrins. *Vers* le nord.
Vert.	sub. *et* att. qu.	Employer le *vert* et le sec. Arbre encore *vert*.
Van.	sub.	Nettoyer le grain avec le *van*.
Vends, etc.	att. comb.	Je *vends*, tu *vends*, etc.
Vent.	sub.	Le *vent* est froid.
Veau.	sub.	Petit de la vache. S'étendre comme un *veau*.
Vaux, etc.	att. comb.	Je *vaux*, tu *vaux*, etc.
Vos.	att. dét.	*Vos* enfants.
Votre.	att. dét.	*Votre* frère est malade.
Vôtre.	sub.	Mon chapeau est plus beau que le *vôtre*.
Vesce.	sub.	Grain rond et noirâtre dont on nourrit les pigeons.
Vesse.	sub.	Ventosité silencieuse.
Vice.	sub.	Défaut, débauche.
Vis.	sub.	Attacher avec une *vis*.
Visse, etc.	att. comb.	Que je *visse*, que tu *visses*, etc.
Ville.	att. qu.	Un homme *vil*, une femme *vile*.
Vil.	sub.	La *ville* de Gravelines.
Viol.	sub.	Attentat, crime.
Viole.	sub. *et* att. comb	Instrument de musique. Je *viole*, tu *violes*, etc.
Voie.	sub.	La *voie* étroite. La *voie* lactée.
Vois, etc.	att. comb.	Je *vois*, tu *vois*, etc.
Voix.	sub.	La *voix* de la renommée.
Vol.	sub.	Il est condamné pour *vol*.
Vole.	sub. *et* att. com.	Faite la *vole* au jeu de cartes. Le temps *vole*.
Vu.	sub. *et* part.	Le *vu* d'une sentence. Je l'ai *vu*. *Vu* ses longs services.
Vue.	sub.	Baisser la *vue*.
Zest.	sub.	Entre le zist et le *zest*.
Zeste.	sub.	Cela ne vaut pas un *zeste*.

QUATRIÈME PARTIE.

SYNTAXE.

La Syntaxe est l'art d'arranger et de combiner la disposition des mots.

La réunion des mots forme des propositions, des phrases.

Une proposition est l'expression d'un jugement.

Un jugement est la représentation d'un être, étant ou existant d'une certaine manière, ou faisant telle et telle chose.

La proposition est composée d'un sujet, du verbe et d'un attribut. Exemples : *Ces enfants* (sujet) *sont* (verbe) *studieux* (attribut). *Il joue*, c'est-à-dire, *il* (sujet) *est* (verbe) *jouant* (attribut).

Le sujet d'une proposition est l'objet dont on parle, le verbe affirme que le sujet est, ou fait quelque chose, et l'attribut est ce qu'on affirme du sujet.

Il n'y a, à proprement parler, que deux espèces de propositions : Les propositions simples et les propositions composées.

Une proposition simple n'a qu'un sujet, qu'un attribut. *Dieu est juste. Les flatteurs sont dangereux.*

Une proposition composée a plusieurs sujets ou attributs, ou enfin plusieurs sujets et plusieurs attributs dans le même temps. *Pierre et Paul se promènent. Dieu est juste et bon. Le Ciel et la Terre ont commencé et finiront.*

Cependant je distinguerai : 1.° La proposition *principale* qui est celle à laquelle toutes les autres se rattachent et qui paraît la première. Exemple: La médisance est un orgueil secret *qui nous découvre la paille dans l'œil de notre frère*, et nous cache la poutre *qui est dans le nôtre.*

MASSILLON.

2.° La proposition *complétive* qui caractérise la proposition principale. Exemple : *Bourbon*, qui toute sa vie avait nourri dans son cœur le désir d'aller à la croisade, *avait profondément médité sur la conduite d'une telle entreprise*, etc.

M. Ch. DU ROZOIR.

3.° La proposition *implicite*, qui est celle qui comprend en un seul mot le sujet, le verbe et l'attribut, sans qu'aucune de ces parties logiques soit exprimée. Ainsi, *marchons*, c'est-à-dire, *nous soyons marchants. Ho! le coquin il se fera pendre*, c'est-à-dire, *j'en suis fâché! le coquin*, etc. *Marchons* et *ho!* sont des propositions *implicites.*

4.° La proposition *elliptique* qui est celle où quelques mots de la proposition, sont sous-entendus. Exemple : *Etes-vous marié?* Non. C'est-à-dire, *je ne suis point marié.* Non est une proposition *elliptique.*

La phrase est une réunion de mots, de propositions qui forment un sens complet.

ARTICLE I.

SYNTAXE DES SUBSTANTIFS.

Le substantif a trois fonctions dans le discours. Il y est ou en sujet, comme dans : *La sagesse est estimable*, ou en complément, comme dans : *Aimer son prochain*, ou en apostrophe, comme dans : *Mais, ô lamentable effet de tant de discordes impies.* M. Fraissynous.

Peuples, Rois, *vous mourrez; et vous*, villes, *aussi.* Racine, le fils.

SUBSTANTIFS COMMUNS.

La plupart des substantifs communs sont ordinairement ou du genre masculin, ou du genre féminin. Cependant il y en a quelques-uns qui sont masculins et féminins, sous la même signification, tels sont : *Amour*, *délice*, *orgue*, masculins, au singulier; et féminins, au pluriel.

Automne. On a dit également : *Un automne pluvieux, une automne pluvieuse;* mais le masculin prévaut aujourd'hui.

Comté, *duché*, masculins; mais on dit : *La Franche-Comté*, *une duché pairie.*

Equivoque, *insulte*, *orge*, féminins; cependant on dit : *De l'orge mondé.*

Horoscope, masculin.

Les substantifs *auteur*, *amateur*, *artiste*, *borgne*, *célibataire*, *compositeur*, *donataire*, *écrivain*, *garant*, *locataire*, *médecin*, *orateur*, *poète*, *peintre*, *propriétaire*, *soldat*, *témoin*, *vainqueur*, etc., se disent également des hommes et des femmes; toutefois *auteur*, *borgne*, *écrivain*, *docteur*, *médecin*, *poète*, *soldat*, *vainqueur*, demandent que le mot *femme* les précède.

Bailleur, *chasseur*, *défendeur*, *demandeur*, *enchanteur*, *pécheur* (qui commet des péchés), *vengeur*, *devin*, *prophète*, *avocat*, *favori*, *maître*, *musicien*, *prêtre*, *prince*, *empereur*, *roi*, *traître*, etc, ne se disent que des hommes. En parlant des femmes, il faut dire : *Bailleresse*, *chasseresse*, *défenderesse*, *demanderesse*, *enchanteresse*, *pécheresse*, *devineresse*, *avocate*, *favorite*, *maîtresse*, *musicienne*, *prêtresse*, *princesse*, *impératrice*, *reine*, *traîtresse*, etc.

On dira des hommes : *Chanteur*, *danseur*, *débiteur* (qui débite des nouvelles), *parleur*, *pêcheur* (qui prend du poisson), *porteur*, *trompeur*, etc. On dira, en parlant des femmes : *Chanteuse*, *danseuse*, *débiteuse*, etc.

Les substantifs suivants : *Acteur*, *consolateur*, *débiteur* (qui a des dettes), *directeur*, *exécuteur*, *fauteur*, *instituteur*, *lecteur*, *protecteur*, etc. Et la plupart des substantifs terminés en *teur*, qui viennent des mots latins en *tor*, changent, pour le féminin, *teur* en *trice*. Ainsi, en parlant des femmes, il faut dire : *Actrice*, *consolatrice*, *débitrice*, *directrice*, *exécutrice*, *fautrice*, etc.

SUBSTANTIFS

DE DIFFÉRENT GENRE ET DE DIFFÉRENTE SIGNIFICATION.

SUBSTANTIFS MASCULINS.	SUBSTANTIFS FÉMININS.
AIDE. Qui aide dans une fonction.	AIDE. Secours, assistance.
AIGLE. Oiseau de proie.	AIGLE. Enseigne des légions romaines.
ANGE. Esprit pur. L'*Ange* Gabriel.	ANGE. Poisson.
ANTIQUE. Etudier, copier l'*antique*.	ANTIQUE. C'est une belle *antique*.
AUNE. Arbre.	AUNE. Une *aune* de toile, de drap, etc.
BARBE. Cheval de Barbarie.	BARBE. Poil du menton et des joues.
BERCE. Oiseau.	BERCE. Plante.
CAPRE. Vaisseau armé en course.	CAPRE. Fruit du câprier.
CARPE. Partie du poignet.	CARPE. Poisson.
CARTOUCHE. Ornement de sculpture.	CARTOUCHE. Charge d'un fusil.
COCHE. Voiture.	COCHE. Truie, entaille.
COUPLE. Un heureux *couple*; un beau *couple* d'amants.	COUPLE. Une *couple* de poires.
CRAVATE. Cavalier de Croatie.	CRAVATE. Mouchoir de cou.
DRILLE. Bon *drille*.	DRILLE. Chiffon pour faire du papier.
ECHO. Son réfléchi.	ECHO. La nymphe *Echo*.
ENFANT. Un bel *enfant*.	ENFANT. Une belle *enfant*.
ENSEIGNE. Celui qui porte l'*enseigne*.	ENSEIGNE. Marque distinctive.
EXEMPLE. Ce qui peut être imité.	EXEMPLE. Modèle d'écriture.
FOUDRE. Un *foudre* de guerre, de vin, d'éloquence, etc.	FOUDRE. Le tonnerre. On dit aussi : Lancer le *foudre* ou la *foudre*.
GARDE. Homme qui garde.	GARDE. Femme, troupe qui garde.
GARDE-ROBE. Tablier de toile.	GARDE-ROBE. Lieu où l'on serre le linge.
GENS. Quand il précède l'attribut.	GENS. Quand il est précédé de l'attribut.

SUBSTANTIFS MASCULINS.	SUBSTANTIFS FÉMININS.
GIVRE. Gelée blanche qui s'attache aux arbres, aux cheveux, etc.	GIVRE. Serpent (Terme d'armoiries).
GREFFE. Lieu où l'on garde les registres d'un tribunal.	GREFFE. Ente.
GUIDE. Conducteur.	GUIDE. Rêne à brides.
HYMNE. Cantique en l'honneur de la divinité, chez les payens.	HYMNE. Cantique qui fait partie de l'office divin.
LIVRE. Volume manuscrit ou imprimé.	LIVRE. Seize onces, vingt sous.
LOUTRE. Chapeau de loutre.	LOUTRE. Animal amphibie.
MANCHE. Poignée d'un instrument.	MANCHE. La *manche* d'une chemise.
MANŒUVRE. Journalier, aide maçon.	MANŒUVRE. Exercice. Commander la *manœuvre*.
MASQUE. Visage artificiel.	MASQUE. Fille ou femme laide.
MÉMOIRE. Ecrit.	MÉMOIRE. Faculté de l'intelligence.
MODE. Terme de grammaire.	MODE. Usage, façon, manière.
MÔLE. Digue.	MÔLE. Masse de chair informe.
MOULE. Fondre dans un *moule*.	MOULE. Coquillage de la mer.
MOUSSE. Jeune matelot.	MOUSSE. Ecume, plante.
ŒUVRE. Recueil d'estampes.	ŒUVRE. Action (1).
OFFICE. *Charge*, emploi, devoir, service.	OFFICE. Lieu où l'on serre la vaisselle.
PAGE. Jeune noble au service d'un prince.	PAGE. Le côté d'un feuillet.
PALME. Mesure de quatre doigts.	PALME. Victoire, supériorité.
PAQUE *ou* PAQUES. Le jour de *Pâques*.	PAQUE *ou* PAQUES. Faire ses Pâques.
PARALLÈLE. Comparaison. Cercle *parallèle*.	PARALLÈLE. Ligne parallèle.
PENDULE. Verge de fer qui règle le mouvement de l'horloge.	PENDULE. Horloge.
PERCHE. Ancienne province de France.	PERCHE. Mesure de 18, 20, 22 pieds.
PIQUE. L'as de *pique*.	PIQUE. Arme, brouillerie.
PIVOINE. Petit oiseau.	PIVOINE. Fleur.
PLANE. Arbre.	PLANE. Outil d'acier.

(1) En parlant d'ouvrages d'esprit, *Œuvres* est toujours du féminin et du pluriel. *Les Œuvres de Racine.*

SUBSTANTIFS MASCULINS.	SUBSTANTIFS FÉMININS.
POÊLE. Drap dont on couvre le cercueil des morts. Fourneau de terre ou de fonte pour échauffer une chambre.	POÊLE. Ustensile de cuisine pour frire, fricasser, etc.
POLACRE. Cavalier polonais.	POLACRE. Bâtiment de la Méditerrannée.
PONTE. Terme du jeu d'hombre.	PONTE. La ponte des oiseaux.
POSTE. Emploi, lieu, place.	POSTE. Balle de plomb. La *poste* aux lettres.
POURPRE. Maladie.	POURPRE. Etoffe teinte en pourpre.
RÉCLAME. Cri *ou* signe pour faire revenir l'oiseau au leurre.	RÉCLAME. Mot *ou* demi-mot qu'on imprime au bas d'une page, pour indiquer le commencement de la suivante.
RELACHE. Cessation de travail.	RELACHE. Lieu où les vaisseaux abordent.
SAUVE-GARDE. Cavalier.	SAUVE-GARDE. Protection.
SCOLIE. Observation.	SCOLIE. Explication pour l'intelligence d'un ouvrage.
SERPENTAIRE. Constellation australe.	SERPENTAIRE. Plante.
SOMME. Dormir. Faire un *somme*.	SOMME. Fardeau. Quantité d'argent.
TENEUR. Celui qui, chez un négociant, est chargé d'un livre.	TENEUR. Ce que contient un acte, un écrit.
TOUR. Faire un *tour*. Filer un *tour*.	TOUR. Le haut d'une *tour*.
TRIOMPHE. Victoire, grand succès.	TRIOMPHE. Jeu de cartes.
TROMPETTE. Cavalier qui sonne de la trompette.	TROMPETTE. Instrument à vent.
VAGUE. Le milieu de l'air.	VAGUE. Flot de la mer ou d'un fleuve.
VASE. Vaisseau propre à contenir les liquides.	VASE. Limon d'une rivière, d'un étang. Bourbe.
VIGOGNE. Chapeau de vigogne.	VIGOGNE. Mouton du Pérou, la laine.
VOILE. Ce qui sert à voiler, à couvrir.	VOILE. Toile d'un vaisseau de mer pour recevoir le vent.
CHAMPAGNE. Vin de la Champagne.	CHAMPAGNE. Province de France.

SUBSTANTIFS MASCULINS.	SUBSTANTIFS FÉMININS.
PERSONNE. Personne n'est plus heureux que lui, qu'elle.	PERSONNE. Une personne vertueuse.
CHOSE. Il a *quelque chose* de plaisant.	CHOSE. Une *chose* plaisante.

ARTICLE II.

SUBSTANTIFS INDÉFINIS.

1.° IL, signifie *ceci*. Exemple : *Il est beau de pardonner;* c'est-à-dire, *ceci. Pardonner est beau.*

2.° *Autrui* ne se dit que des personnes, et il est toujours placé en complément : *Le mal* d'autrui *n'est que songe.*

3.° *Chacun* masc. *Chacune* fém. est sans pluriel, et il se dit également des personnes et des choses : Chacun *vit à sa mode. J'ai reçu de* chacune *d'elles dix francs.*

Quand la proposition plurielle, qui précède le substantif indéfini *chacun*, est complète, on emploie, *son*, *sa*, *ses*, et quand elle est incomplète, *leur*, *leurs* : *Ces généraux ont fait leur devoir*, chacun *de* son *mieux*. *Ces généraux ont fait* chacun *leur devoir de* leur *mieux*. Si *chacun* se trouve dans une phrase où il n'y a point de pluriel, on se sert de *son*, *sa*, *ses* : Chacun *fit* son *devoir*.

4.° *Ce* substantif indéfini veut le verbe (être) à la troisième personne du singulier, quand le verbe (être) est suivi des substantifs relatifs *moi*, *toi*, *elle*, *lui*, *nous*, *vous*, ou d'un complément indirect : *C'est moi qui cours*, *c'est toi qui joues*, *ce sera lui qui ira*, *c'est elle que l'on calomnie*, *ce sera nous qui irons*, *ce sera vous qui irez*, *c'est de ces personnes*, *d'eux*, *d'elles*, *à lui*, *à eux que je parle*. Cependant s'il est suivi des substantifs relatifs *eux*, *elles*, ou d'un substantif commun pluriel, sans déterminatif, on emploie la troisième personne plurielle : *Ce sont eux*, *elles*, *les personnes*. On en excepte les temps composés où l'on conserve le singulier : *Je ne pense pas que* c'eût été *les enfants dont vous parlez*. Dites : Ce *qu'il y a de fâcheux*, c'est *que nous oublions trop souvent nos devoirs*. Ce *qui me plonge dans la douleur*, *c'est de voir l'envie s'attacher à mes pas*, parce que la répétition de ce dans ces phrases est élégante.

5.° Il est plus élégant d'employer *l'on* que *on* après *si*, *ou* et après un *que* suivi d'un *e* fort ; à moins qu'il n'y ait une *l* après : *Voyez ce que* l'on *fera* ; où l'on *ira*, etc. *Savez-vous* si on *tirera* le *but* ?

6.° *L'un l'autre*, *l'un et l'autre*, ont les deux genres et les deux nombres, et se disent également des personnes et des choses. *Ils s'aiment* l'un l'autre, les uns les autres, l'un et l'autre, les uns et les autres. *Elles s'aiment* l'une l'autre, les unes les autres ; l'une et l'autre, les unes et les autres.

N'employez pas *l'un l'autre* pour *l'un et l'autre*. Par exemple, dans ces phrases : *Pierre et Paul se louent* l'un et l'autre. *Pierre et Paul se louent* l'un l'autre. La première phrase signifie,

Piérre loue Pierre et *Paul loue Paul*. La seconde, au contraire signifie, *Pierre loue Paul*, et *Paul loue Pierre*.

7.° *On* et *quiconque* sont quelquefois féminins. On *n'est pas maîtresse de faire ce que* l'on *veut quand* on *a un mari peu complaisant*. Quiconque *de vous, mesdemoiselles, sera assez instruite pour répondre à ces questions*.

8.° *Pas un* masc. *Pas une* fém., signifie, *personne* ou *aucun*; il se dit des personnes et des choses, mais au singulier seulement, et il veut être accompagné de *ne* : Pas un *ou* pas une ne *l'a vu*.

9.° *Plusieurs* a les deux genres; mais il n'a point de nombre singulier : Plusieurs *sont de cet avis*. *J'en connais* plusieurs.

10.° *Qui* signifiant *quiconque*, *quel* ou *quelle personne*, est toujours masculin singulier : *Qui répond*, *paie*. *Je ne sais de* qui *vous parlez*. Qui *que vous soyez*, *je ne vous crains pas*. Cependant *qui* a les deux genres et les deux nombres : c'est lorsqu'il sert à interroger. Qui *est cet homme?* Qui *est cette femme?* Qui *sont ces gens?* *Qui*, substantif indéfini, ne se dit que des personnes.

11.° *Que* et *quoi* ne se disent que des choses inanimées, et ils peuvent se tourner par *quelle chose* : *Qu'est-ce que vous craignez? De* quoi *est-il maître?* C'est-à-dire, quelle chose *craignez-vous? De* quelle chose *est-il maître?*

12.° *Quoi*, *rien* et *quelque chose*, toujours masculins, veulent que l'attribut, qui les suit, soit précédé du mot *de* : *Quoi de plus grand que la vertu! Je ne connais rien de plus attrayant. Y a-t-il quelque chose de plus brillant.*

Nota. Ne dites jamais *un chacun*, *un quelqu'un*. Quelqu'un a les deux genres et les deux nombres.

ARTICLE III.

SUBSTANTIFS RELATIFS.

1.° Les substantifs relatifs se mettent au même genre, au même nombre et à la même personne que le substantif dont ils réveillent l'idée.

2.° Les substantifs relatifs de la première et de la seconde personne rappèlent l'idée des substantifs qui désignent des personnes ou des choses personnifiées.

3.° *Me*, *te*, *se*, se placent toujours avant le verbe ou l'attribut combiné dont ils sont complémeuts, excepté à l'impératif: *Je me suis trompé*, *tu te flattes*, ils se sont trahis. *Envoyez-m'en.*

4.° Dites : *Conduis-y-moi*, *promènes-y-toi*, et non : *Conduis-m'y*, *promène-t'y*; parce que *moi* et *toi* ne se mettent pas avant *y*.

5.° Les substantifs relatifs de la troisième personne réveillent l'idée des substantifs qui dénomment des personnes, des choses : *Ils sont grands.*

6.° *Le*, substantif relatif, représente toujours un substantif; *le*, substantif indéfini, représente ou un attribut, ou une proposition qui le précède.

Si donc on demande à une femme : *Êtes-vous la mère de cet enfant? Êtes-vous l'actrice dont on m'a parlé?* Elle doit répondre : *Oui, je la suis;* parce que *mère* et *actrice* sont des substantifs; mais si l'on demande à cette femme : *Etes-vous actrice? Lui êtes-vous parente?* Elle doit répondre : *Oui, je le suis;* parce que *actrice* et *parente* sont des attributs.

7.° *Lui, eux, elle, elles*, précédés d'un déterminatif, ne peuvent pas toujours se dire des choses. Ne dites donc pas :

En parlant d'une maison, d'une armée; etc.	Il faut dire:
Je m'approchai d'elle, je demeure dans elle.	Je m'en approchai, j'y demeure.
En parlant d'un canif, d'une plume, d'un arbre.	
C'est avec lui que j'ai taillé ma plume.	C'est avec ce canif, etc.
C'est avec elle que j'ai écrit.	C'est avec cette plume.
Je me suis mis à l'abri sous lui.	Je me suis mis à l'abri dessous.

8.° *Leur*, employé pour *à eux, à elles*, ne prend jamais d'*s*, il précède toujours un attribut combiné, ou il est après un impératif. Exemples : *Je* leur *ai rendu leurs livres. Donnez*-leur *à manger*. Dans tous autres cas, *leur* prend une *s* au pluriel. Exemples : *Voici vos livres, et voilà les* leurs. Leurs *chevaux*.

9.° Les substantifs relatifs ne doivent jamais rappeler l'idée des substantifs employés dans un sens vague. Ainsi,

Au lieu de :	Dites :
Rendez-lui justice, elle ne peut lui être refusée.	Rendez-lui justice, cela ne peut lui être refusé.
On fit trève pour trois mois, qui ne dura pourtant que trois jours.	On fit pour trois mois une trève qui ne dura pourtant que trois jours.
Chaque père de famille doit bien gouverner la sienne.	Chaque père de famille doit bien gouverner ses enfants.

10.° *Qui* substantif relatif et précédé d'un déterminatif, ne se dit que des personnes : *Voilà l'homme* à qui j'ai confié *l'éducation de mon fils*. D'après cette règle vous direz également : *Les mathématiques* auxquelles (et non à qui) *je m'applique*.

11.° Ne dites pas : *J'ai reçu l'honorée vôtre le dix du courant*. Il faut dire : *J'ai reçu votre lettre le dix du courant;* parce que *le mien*, *le tien*, *le sien*, *le nôtre*, *le vôtre*, *le leur*, supposent toujours un substantif qui précède.

12.° Quoiqu'en disent les grammairiens, *soi* peut se construire indifféremment, ou avec un substantif qui offre un sens vague, ou avec un substantif qui offre un sens déterminé.

EXEMPLES :

Du sens indéterminé :	Du sens déterminé :
Chacun songe à soi.	Cette demoiselle, en faisant ce que sa mère lui commande, travaille pour soi.
Ne vivre que pour soi, c'est être mort.	La vertu porte avec soi sa récompense.
On a souvent besoin d'un plus petit que soi.	Les hommes prudents songent toujours à soi pour l'avenir.
On aime à parler de soi.	Ces choses sont bonnes en soi.

13.° Il arrive souvent que, par négligence, on omet le substantif relatif *le* devant *lui*. Ce genre d'omission rend la preuve vicieuse. Ainsi, dites : *Elle m'a prié de lui envoyer son argent*, *je* le *lui enverrai* (et non, *je lui enverrai*.) *Il a commis une grande faute*, *veuillez* la *lui pardonner* (et non, *veuillez lui pardonner*).

14.° *Vous*, employé pour *tu*, veut le verbe ou l'attribut combiné, au pluriel; et l'attribut qualificatif ou le participe passé qui suit, au singulier. Exemples : *Vous êtes fier, vous avez raison, vous serez estimé si vous êtes sage.*

ARTICLE IV.

ATTRIBUTS DÉTERMINATIFS.

Les attributs déterminatifs se placent avant chaque substantif.

EXEMPLE:

La conscience fournit *une seconde* preuve de *l'*immortalité de *notre* âme.

CHATEAUBRIAND.

On doit répéter l'attribut déterminatif avant plusieurs substantifs qui se suivent.

La Mort, *l'*affreuse Mort et la Confusion,
Y semblent établir leur domination.
« *Quelles* clameurs, ô Dieu! *quels* cris épouvantables!
Quels torrens de fumée! et *quels* feux effroyables!
Quels monstres, dit Bourbon, volent dans ces climats!
Quels gouffres enflammés s'entr'ouvent sous mes pas. »

VOLTAIRE.

Au lieu de:	Dites :
Chaque ville et bourgade furent mises à contribution.	Chaque ville et chaque bourgade.
Ses père et mère sont morts.	Son père et sa mère, etc.

Les attributs déterminatifs se suppriment : 1.°

Avant les substantifs mis en forme d'adresse : *Il loge* rue Cassette, faubourg Saint-Germain, quartier Saint-Sulpice.

2.° Avant les substantifs pris dans un sens vague et indéterminé.

EXEMPLES :

Mon état est digne d'*envie*. FÉNÉLON.

Ai-je *tort* d'avoir *pitié* de mes semblables, etc. *Le même*.

A vaincre sans *péril* on triomphe sans *gloire*. CORNEILLE.

Ailleurs on voit déjà les marbres assoupis
Flotter en *chevelure*, ondoyer à *longs plis*. THOMAS.

3.° Avant les substantifs indéfinis.

EXEMPLE :

On dirait à vous entendre que vous étiez en droit de ne *rien* épargner pour faire parler de vous, et que l'*on* doit compter pour des grâces les maux que vous n'avez pas faits. FONTENELLE.

4.° Avant les substantifs qui acquièrent une signification qualificative.

EXEMPLES :

Il était dans un pot de *terre*, au milieu des fumées de Paris.
BERNARDIN DE SAINT-PIERRE.

Tous les jours le navigateur passe avec *sécurité* et avec *joie* sur des lieux où des milliers d'hommes ont péri.
THOMAS.

5.° Pour rendre le style plus rapide.

Son insatiable voracité ne se borne pas aux faibles mortels ; *empires*, *royaumes*, *républiques*, *villes*, *temples*, *palais*, tout éprouve sa dent de fer. (Le Temps).
LA BEAUME.

6.° Avant les substantifs qui suivent les mots *peu*, *beaucoup*, *moins*, *plus*, *tant*, *autant*, *pas*, *point*, *espèce*, *genre*, *sorte*, *nombre*, *foule*, *portion*, *infinité*, *tout ce qu'il y a*, etc.

EXEMPLES:

C'est le modèle d'une infinité de jeunes sots mal élevés.

DESMAHIS.

Il y avait beaucoup de plaisir à abattre un si grand nombre de statues faites pour un même homme.

FONTENELLE.

Si les mots *pas* et *point* n'influent nullement sur le substantif qui les suit, ce substantif doit être précédé de *le*. On dit : *Je ne vous ferai point des reproches frivoles;* c'est-à-dire, *je ne vous ferai point quelques-uns de ces reproches frivoles.*

Après *la plupart* et *bien*, on met aussi l'attribut déterminatif. *La plupart des* (pour *de les*) *hommes sont trompeurs. Cet homme a bien de l'esprit. Bien du* (pour *de le*) *monde.*

Ce, *cet*. *Ce* se met devant une consonne ou une *h* aspirée. *Cet*, devant une voyelle ou une *h* muette : *Ce livre*, *ce houssoir*, *cet oiseau*, *cet humaniste.*

Quelque, suivi de *que*, prend le nombre, s'il se trouve, entre les deux mots, un substantif seul, ou accompagné de son attribut : *Quelques richesses*, *quelques brillants emplois que vous possédiez*, *vous ne serez jamais heureux.*

S'il y a un attribut entre *quelque* et *que*, *quelque* ne prend point le nombre (il est surattribut) : *Quelque grandes que soient vos richesses, vous ne serez jamais content.*

Si, après *quelque*, se trouve le verbe (être) ou un attribut combiné, on sépare *quel* de *que*, et *quel* prend le genre et le nombre : *Quelles que soient vos vertus. Vos emplois quels qu'ils* puissent être. *Vos richesses* quelles *qu'elles soient.*

Ne confondez point *tel que* avec *quelque que*; celui-ci veut le subjonctif, et celui-là l'indicatif : *Quelque fortuné que vous soyez, vous ne serez jamais content. Tel que cela est arrivé.*

Vingt et *cent* prennent une *s* quand un substantif pluriel les suit; mais il faut qu'ils soient précédés d'un autre attribut numératif, et qu'ils n'en soient pas suivis : *Quatre-vingts arbres, six cents soldats, quatre-vingt-huit arbres, six cent vingt soldats.*

Quand *tout* signifie *quoique, entièrement*, il est surattribut, et il n'est variable que devant un attribut féminin qui commence par une consonne ou une *h* aspirée. Exemples : *Tout humble qu'elle est. Elle est toute honteuse. Ces dames toutes charmantes, tout aimables qu'elles puissent être.*

Lorsque *même* est mis pour *aussi, de plus*, il est surattribut, et par conséquent invariable. Exemple : *Les temples sacrés, les palais, les forêts même, tout succomba sous le souffle destructeur de Borée.*

ARTICLE V.

ATTRIBUTS QUALIFICATIFS.

L'USAGE règle seul la place de l'attribut qualificatif. Par exemple, on ne dira pas : *Une brève voyelle*, *un aveugle homme*, *une matière ample*, *les jours beaux*. Il faut dire : *Une voyelle brève*, *un homme aveugle*, *une ample matière*, *les beaux jours*.

ATTRIBUTS QUALIFICATIFS DONT LA POSITION CHANGE LA SIGNIFICATION.

Il a l'air grand, c'est-à-dire, il a une physionomie noble.	*Il prend un grand air*, c'est-à-dire, il affecte les manières d'un grand seigneur.
Il a l'air mauvais, il paraît méchant.	*Il a mauvais air*, il a mauvaise mine.
Un grand homme est doué de grands talents.	*Un homme grand* est un homme d'une grande taille.
Un brave homme ne se laisse point corrompre.	*Un homme brave* ne s'effraie pas du danger.
Un honnête homme jouit d'une bonne réputation, a des mœurs pures.	*Un homme honnête* a de la politesse.
Un enfant cruel aime à faire le mal.	*Un cruel enfant* est méchant.
Ligne droite est le plus court chemin d'un point à un autre.	*Droite ligne*, il descend en droite ligne de Henri IV.
Bois mort est séché sur pied.	*Mort bois*, ronces, épines.
Chose certaine est vraie et assurée.	*Certaine chose*, c'est quelque chose.
Une voix commune est une voix ordinaire.	*Une commune voix*, c'est la voix, le consentement de tous.
Une corde fausse ne peut s'accorder avec d'autres.	*Une fausse corde*, sur un instrument, n'est pas au ton qui lui convient.

Fausse clef, celle qui sert aux voleurs pour ouvrir plusieurs serrures.	*Clef fausse*, celle qui ne convient pas à la serrure.
Fausse porte est une sortie cachée	*Porte fausse* est un simulacre de porte.
La dernière année d'un bail est celle qui le finit.	*L'année dernière* précède celle où l'on est.
Malin esprit, le démon.	*Homme malin* a de la ruse, de l'adresse.
Le Saint-Esprit, la troisième personne de la Sainte Trinité.	*L'Esprit Saint* diffère de l'esprit du monde.
Sage-Femme, accoucheuse.	*Femme sage*, femme prudente, vertueuse.
Grosse femme, femme très-grasse.	*Femme grosse*, femme enceinte.
Galant homme est d'une société agréable.	*Homme galant* cherche à plaire.
Plaisant homme, homme ridicule	*Homme plaisant*, homme gai, enjoué.
Gentilhomme est de bonne famille.	*Homme gentil*, homme gai, vif, joli.
Nouvel habit diffère de celui que l'on quitte.	*Habit neuf* qui n'a pas été porté.
	Habit nouveau est d'une nouvelle mode.
Vin nouveau est nouvellement fait.	*Nouveau vin* est différent, il est nouvellement mis en perce.
Auteur pauvre a peu de fortune	*Pauvre auteur* a peu de mérite.
Le ton haut, degré plus élevé dans le ton de la conversation.	*Le haut ton*, manière de parler fière et arrogante.
Taureau furieux est en fureur.	*Furieux taureau*, grand, énorme.
Ennemi mortel veut la mort.	*Mortel ennemi* ne cède jamais.
Cette vie mortelle, qui est sujète à la mort.	*Une mortelle lieue* est très-longue.
Homme vilain, avare qui ne donne rien.	*Vilain homme*, homme dont les manières déplaisent.
Homme vrai dit la vérité.	*Vrai homme* est véritablement un homme.
Un homme seul peut faire cela, il n'en faut pas davantage.	*Un seul homme peut faire cela*, plusieurs pourraient s'y joindre.
Un lit seul était dans ce cabinet; il n'y avait pas d'autres meubles.	*Un seul lit était dans ce cabinet*; il n'y avait pas d'autres lits.
J'ai vu Lucullus le riche; j'ai vu celui des Lucullus qui est riche.	*J'ai vu le riche Lucullus*; j'ai vu le riche appelé Lucullus.
Quelle erreur est la vôtre! Combien vous vous êtes trompé!	*Quelle est votre erreur?* En quoi vous êtes-vous trompé.

DE L'ACCORD DES ATTRIBUTS QUALIFICATIFS.

1.° L'attribut qualificatif doit toujours prendre le genre et le nombre du substantif avec lequel il est en rapport. Exemple : *Un mari complaisant, une femme complaisante; des maris complaisants, des femmes complaisantes.*

2.° Quand un attribut qualificatif se rapporte à plusieurs substantifs, placés en sujet, soit qu'ils désignent des personnes, soit qu'ils désignent des choses, l'attribut qualificatif se met au pluriel, au genre des substantifs, s'ils sont du même genre, et au masculin, s'ils sont de genre différent.

Votre fils et votre neveu sont *orgueilleux*. Votre sœur et votre fille sont *paresseuses*.	Substantifs qui désignent des personnes du même genre.
Le style et le goût de cet écrivain sont *obscurs*. La bravoure et l'audace de ce guerrier sont *étonnantes*.	Substantifs qui désignent des choses du même genre.
Cicéron et Démosthènes seront à jamais *immortels*. L'orgueil et l'envie de cet homme resteront *impuissants*.	Substantifs qui désignent des personnes et des choses de genre différent.

3.° L'attribut qualificatif, qui se rapporte à plusieurs substantifs qui, placés en complément, désignent des personnes, se met au pluriel au genre des substantifs ou au masculin, selon que ces substantifs sont du même genre, ou de genre différent; mais si les substantifs désignent des choses, l'attribut qualificatif prend le genre et le nombre du dernier.

EXEMPLES :

J'ai trouvé votre fils et votre ami très-*prudents*.	Substantifs qui désignent des personnes du même genre.
Je trouve votre fils et votre fille très-*reconnaissants*.	Substantifs qui désignent des personnes de genre différent.
Il cède à un penchant et à une ambition *dévorante*. L'innocent triomphe des piéges et des ruses *ténébreuses* de son rival. Cet auteur écrit avec un enthousiasme et une énergie *brûlante*.	Substantifs qui désignent des choses de genre différent.

OBSERVATIONS. *Nu* et *demi* sont invariables, lorsqu'ils précèdent le substantif : *Nu-pieds, nu-jambes, demi-livre, demi-heure*. Ils sont variables dans le sens contraire : *Les pieds nus, les jambes nues, deux livres et demie, quatre heures et demie*.

Feu est invariable avant l'attribut déterminatif : *Feu la Reine, feu ma mère*. Il est variable dans le sens contraire : *La feue Reine, ma feue mère*.

Les attributs qualificatifs qui ont la force du surattribut, sont invariables : *Elle chante faux, elle parle bas, haut*, etc.

Dites : *Cette poire a l'air bon* ou *d'être bonne; cette femme a l'air spirituel* ou *d'être spirituelle*; et non, *cette poire a l'air bonne; cette femme a l'air spirituelle*. Cependant vous ne direz pas : *Cette pièce de terre a l'air ensemencé*; il faut dire : *A l'air d'être ensemencée*.

ARTICLE VI.

ACCORD DU VERBE ET DES ATTRIBUTS COMBINÉS AVEC LEURS SUJETS.

Le sujet du verbe ou d'un attribut combiné se trouve en faisant la question *qui est-ce qui?* Le sujet du verbe ou d'un attribut combiné est ce qui est ou ce qui fait l'action exprimée par le verbe ou l'attribut combiné.

Le verbe et l'attribut combiné s'accordent en nombre et en personne avec leur sujet. Exemples: *Dieu est juste.* Qui est-ce qui est juste? *Réponse*: Dieu. *Est* est au singulier et à la troisième personne; parce que son sujet (Dieu) est de ce nombre et de cette personne. *Les enfants jouent. C'est moi qui ai vu. C'est toi qui as ri. C'est lui qui a gagné. C'est nous qui avons obéi. C'est vous qui commandez. Ce seront eux qui travailleront.*

Quand le verbe (être) ou un attribut combiné a plusieurs sujets, on met le verbe (être) ou cet attribut combiné au pluriel. Exemple: *Le riche et le pauvre seront égaux après la mort.*

Si les sujets sont de différentes personnes, on met le verbe ou l'attribut combiné au pluriel et à la plus noble personne; la première est plus noble que la seconde, la seconde est plus noble que la troisième. Exemples. *Vous et moi, nous jouons. Vous et lui, vous jouez.*

Le verbe ou l'attribut combiné, qui a plusieurs sujets singuliers, si ces sujets ne sont pas liés par un conjonctif, obéit à la loi du dernier sujet. *Une vapeur, un grain de sable, une goutte d'eau suffit pour terminer la vie de l'homme.*

Quand plusieurs substantifs sont liés par *ni*, les correspondants se mettent au singulier, si un seul de ces substantifs fait ou reçoit l'action, et au pluriel si ces substantifs font ou reçoivent l'action en même temps. Exemples. Singulier. *Ni monsieur le duc, ni monsieur le cardinal ne sera nommé ambassadeur. Ni l'un ni l'autre n'est mon père.* Pluriel. *Ni l'or, ni la grandeur, ne nous rendent heureux.*

Lorsque les substantifs sont liés par *ou*, les correspondants n'obéissent qu'au dernier : *La crainte* ou *l'impuissance les empêcha de remuer.* Mais si les substantifs sont de différentes personnes, les correspondants se mettent au pluriel : *Ou lui, ou moi sommes coupables.*

Lorsque deux substantifs sont liés par les conjonctifs *comme, aussi bien que, de même que*, etc., les correspondants s'accordent avec le premier des deux substantifs : *Le riche*, comme aussi bien que, de même que *le pauvre*, mourra.

Lorsque plusieurs substantifs sont liés par *mais*, le verbe ou l'attribut combiné s'accorde avec le dernier : *Non seulement ses titres, ses honneurs, ses dignités*, mais *encore* sa fortune s'évanouit.

Le verbe ou l'attribut combiné doit se mettre au singulier quand il est précédé de plusieurs substantifs, même pluriels, après lesquels il y a *tout* ou *rien*, parce qu'il est sous-entendu après chaque substantif.

EXEMPLES :

Hommes, dieux, animaux, tout y fait quelque rôle.

LAFONTAINE.

Remords, crainte, périls, rien ne m'a retenue.

RACINE.

Les substantifs dont l'emploi marque une collection d'objets désignés, par un autre substantif, rangent l'attribut qualificatif, le verbe, l'attribut combiné et le participe passé sous l'empire de ce dernier substantif. *La plupart du monde s'est réjoui de mon triomphe. Une bande de voleurs sont venus l'assaillir. Le peu d'athlètes qui restèrent dans l'arène, furent terrassés par mon ami. Une poignée de faibles soldats enfoncèrent cette redoutable cohorte.* Cependant une rigueur indispensable réclame quelquefois le singulier, c'est lorsque notre esprit envisage une masse. Exemples : *Le nombre des atômes est inconcevable. Une seule poignée de soldats enfoncèrent cette redoutable cohorte.*

Compléments ou *Régimes du verbe et des attributs combinés.*

On distingue deux sortes de compléments ; le complément direct ou simple, et le complément indirect ou composé.

Quand le complément est direct, il répond à la question *qui?* pour les personnes, et *quoi?* pour les choses. *Aimer son prochain.* Aimer *qui?* — Son prochain. Voilà le complément direct de l'attribut combiné *aimer. Etudier sa leçon.* Etudier *quoi?* — *Sa leçon.* Voilà le complément direct de l'attribut combiné *étudier.*

On connaît le complément indirect en faisant la question *à qui?* ou *de qui?* pour les personnes. *A quoi?* ou *de quoi?* pour les choses. Exemples : *Pardonner une faute à quelqu'un.* Pardonner *quoi?* — *Une faute* (complément direct). — *A qui?* — *A quelqu'un* (complément indirect).

Recevoir une lettre de son ami. Recevoir *quoi?* — *Une lettre* (complément direct). — *De qui?* — *De son ami* (complément indirect). *Avertir quelqu'un d'une faute.* Avertir *qui? Quelqu'un* (complément direct). — *De quoi?* — *D'une faute* (complément indirect).

Le complément des attributs combinés passifs est toujours précédé des mots *par* ou *de* : *La sagesse est inspirée* par *l'amour de ses devoirs. L'écolier studieux est aimé* de *son maître.*

Le complément des attributs combinés neutres est marqué par *à* ou *de* : *Nuire à autrui. Plaire au* (à le) *prince. Parler de quelqu'un. Médire du* (de le) *prochain.* Quelques attributs combinés neutres n'ont pas de complément, tels sont *dormir*, *exister*, etc.

Un attribut combiné ne peut avoir deux compléments de la même nature, à moins qu'un conjonctif ne les unisse. Ainsi, au lieu de : *Ne vous informez point* ce *que je deviendrai.* Dites : *Ne vous informez point* de ce *que je deviendrai.*

Un substantif peut être régi par deux attributs combinés à la fois, pourvu que ces deux attributs combinés ne veuillent point un complément différent. Exemple : *Ce général attaqua et prit la ville.*

On sous-entend quelquefois le verbe ou l'attribut combiné de la proposition liée : *Il est plus riche que son frère*; c'est-à-dire, *que son frère n'est riche.*

Si le verbe ou l'attribut combiné sous-entendu doit être à un autre temps, il faut l'exprimer. Ainsi, au lieu de : *Il est plus triste qu'il y a huit jours*. Dites : *Il est plus triste qu'il ne l'était il y a huit jours.*

On doit répéter le verbe ou l'attribut combiné de la proposition liée, 1.° quand cette proposition est négative, la principale étant affirmative. 2.° Quand cette proposition est affirmative, la principale étant négative. Ainsi,

Au lieu de ;	Dites :
Attendons tout de nous et jamais rien des autres.	Attendons tout de nous et n'attendons jamais rien des autres.
L'amour n'est qu'un plaisir et l'honneur un devoir.	L'amour n'est qu'un plaisir, l'honneur est un devoir.
Notre réputation ne dépend pas du caprice des hommes, mais des actions louables que nous faisons.	Notre réputation ne dépend pas du caprice des hommes ; mais elle dépend des actions louables que nous faisons.

Usage des Temps du Subjonctif.

1.° Quand l'attribut combiné de la proposition principale est au présent ou à l'un des futurs de l'indicatif, on doit mettre celui de la proposition complétive; 1.° au présent du subjonctif, si l'on veut exprimer un présent ou un futur.

Il faut que les hommes soient habillés, qu'ils soient rasés, il faut que, retirés dans leurs maisons, ils aient une porte qui ferme bien : Est-il nécessaire qu'ils soient instruits ?

LA BRUYÈRE.

Je désirerai que vous veniez à bout de votre entreprise.
Quand il aura ordonné que je le fasse, je le ferai.

2.° Au passé du subjonctif, si l'on veut exprimer un passé.

Il faudra que j'aie terminé mes affaires avant son arrivée.

3.° A l'imparfait ou au plusque-parfait du subjonctif, si le présent, le futur ou le passé qu'on a dans l'idée, dépend d'une condition.

Je doute qu'il y allât, si je l'en priais.
Je doute qu'il eût réussi sans mon secours.

2.° Quand l'attribut combiné de la proposition principale est à l'imparfait, à l'un des passés, au plusque-parfait ou à l'un des conditionnels, celui de la proposition complétive doit être à l'imparfait du subjonctif, si l'on veut énoncer un présent ou un futur, et au plusque-parfait, si l'on veut énoncer un passé.

Il fallait, il fallut, il a fallu, il eut fallu, il avait fallu, il faudrait, il aurait fallu qu'il travaillât.

Je voulais, je voulus, j'ai voulu, j'eus voulu, j'avais voulu, je voudrais, j'aurais voulu qu'il eût travaillé la semaine passée.

Remarquez que, si l'on voulait énoncer une chose qui se fait dans tous les temps, il faudrait, après le passé indéfini de l'indicatif, mettre le présent du subjonctif : *Dieu a entouré les yeux de tuniques fort minces*, afin que l'on puisse voir au travers.

ARTICLE VII.

PARTICIPE PASSÉ.

1.° Le participe passé s'accorde en genre et en nombre avec le substantif auquel il se rapporte. Exemples : *Un père chéri, une mère chérie, des enfants chéris, des filles chéries.*

En examinant les *feuilles* de ce végétal au moyen d'une lentille de verre qui grossissait médiocrement, je les ai trouvées *divisées* par *compartiments hérissés* de poils, *séparés* par des canaux, et *parsemés* de glandes.

BERNARDIN DE SAINT-PIERRE.

Divisés s'accorde avec *feuilles*, *hérissés*, *séparés* et *parsemés* s'accordent avec compartiments.

2.° Le participe passé s'accorde, de même, avec le substantif qui lui sert de sujet, lorsqu'il se construit avec le verbe (être), si toutefois le verbe (être) n'est pas mis pour l'attribut combiné *avoir*.

EXEMPLES :

Cet arbre est taillé, votre plume est taillée, ces arbres sont élagués nouvellement, ces pommes sont gâtées, ils sont venus, partis, etc.

3.° Le participe passé, construit avec l'attribut combiné *avoir*, est invariable toutes les fois qu'il n'est point précédé de son complément direct.

EXEMPLE :

Ils n'ont *pensé* à faire des analyses, qu'après avoir *observé* qu'il en avaient *fait*.

CONDILLAC.

4.° Lorsque le participe passé, accompagné de l'auxiliaire *avoir*, est précédé de son complément direct, il en prend le genre et le nombre, quelle que soit la place de son sujet.

EXEMPLES :

L'impartialité *qu'*on a *reprochée* à l'auteur n'est donc pas si coupable.

DE BARANTE.

On a reproché *quoi*? Réponse : *Qu'*, *l'impartialité*. *Reprochée* est au féminin et au singulier ; parce que le substantif relatif *qu* pour *que*, qui réveille l'idée *d'impartialité*, est de ce genre et de ce nombre.

Viens présenter au goût ces riches accidents
Que de ses lentes mains a *dessinés* le Temps.

DELILLE.

Le Temps a dessiné *quoi*? — *Que*, ces riches accidents.

La France se présente à Louis, non telle qu'il *l'*a laissée ; mais telle que la révolution *l'*a *faite*, etc.

M. FRAISSYNOUS.

Il a laissé, la révolution a fait *qui*? — *L'*, la France.

J'ai loué les académiciens, je *les* ai *loués* tous, et ce n'a pas été impunément; que me serait-il arrivé si je *les* avais *blamés* tous.

LA BRUYÈRE.

Avez-vous bien senti l'atteinte
Du coup qui *nous* a tous *frappés*?

BOUFFLERS.

Combien de *services* ne lui a-t-il pas *rendus*!
Quels *livres* avez-vous *achetés* (1).

5.° Le participe passé d'un attribut combiné réfléchi s'accorde avec son complément direct, quand il en est précédé; mais il reste invariable, quand il en est suivi; parce que le verbe (être) avec lequel il est construit, est employé pour l'attribut combiné *avoir*.

On dira donc :

Avec l'accord :	Sans l'accord :
Elle (la France) s'est *refugié* dans les camps. M. FRAISSYNOUS.	Pleine de modestie, ces dames se sont *caché* leurs attraits.
Elle a refugié *qui?* — *S'*, *elle*, la France.	Ces dames ont caché *quoi?* — Leurs attraits.
Ils *se* sont *embrassés*, et *se* sont *séparés* en se pressant la main.	Ces dames se sont *dit* des injures, elles se sont *donné* des coups de poing.
Ils ont embrassé *qui?* — *Se*, eux.	Ces dames ont donné *quoi?* — Des coups de poing.
Ils ont séparé *qui?* — *Se*, eux.	Ces enfants se sont *jeté* des pierres.
Ces enfants *se* sont *jetés* à l'eau.	

---

(1) On voit que, dans le complément direct devenu le participe passé, le participe passé est ordinairement précédé de l'un de ces mots : *Me*, *te*, *se*, *que*, *le*. *la*, *les*, *quel*, *combien de*, *tant de*, etc.

Avec l'accord :	Sans l'accord :
La sérénité s'est répandue dans les Cieux.	La perfide Angleterre s'est *dérobé* son crime.
La tâche *que* nous nous sommes *imposée*, triomphera de l'envie.	Ces demoiselles se sont *imposé* un devoir difficile à remplir.
Nous avons imposé *quoi?* — *Que*, une tâche.	Ces demoiselles ont imposé *quoi?* un devoir.
Les palmes *que* vous vous êtes *acquises*, feront l'honneur de votre famille.	Elles se sont *acquis* de l'éducation.
Les anciennes dettes *qu*'ils se sont *payées*.	Telle est la tâche que nous nous sommes *proposé* de remplir.

6.° Lorsque l'analyse ne permet pas de remplacer le verbe (être) par l'attribut combiné *avoir*, le participe passé d'un attribut combiné réfléchi s'accorde avec son sujet.

EXEMPLES:

Cette *maison* s'est *louée* cher. — Ma *sœur* s'est *moquée* de vous. — *Elle* s'est *repentie* de sa faute.

OBSERVATIONS SUR LE PARTICIPE PASSÉ.

1.° Le participe passé d'un attribut combiné impersonnel ou employé impersonnellement, est toujours invariable.

EXEMPLES:

La peste qu'il y *a eu* à Barcelonne, nous fait regretter un médecin célèbre.

Il est *survenu* divers incidents qui m'ont empêché de voir mon frère.

Les vents qu'il a *fait* pendant la moisson, ont exercé de grands ravages.

Il s'est *donné* une bataille des plus fameuses dans les plaines d'Ausonie.

Il *s'est* rencontré huit brigands sur la route, qui ont arrêté la voiture de votre ami.

2.° Le participe passé suivi de l'infinitif d'un attribut combiné neutre est variable, lorsqu'il est précédé de son complément direct : Je *les* ai *vus* entrer, sortir, passer, etc. Mais si le participe est neutre et l'infinitif actif, il est invariable. *La maison que vous avez parlé d'acheter*, est *vendue.*

3.° On connaît que le substantif, qui précède le participe passé suivi d'un infinitif, est le complément direct de ce participe, quand le sens permet de placer ce complément après le participe, et de changer l'infinitif qui suit, en participe présent, ou en imparfait avec le substantif relatif *qui*. Dans le cas contraire, le complément est celui de l'infinitif. Ainsi, on dira :

Avec l'accord :	Sans l'accord :
Les oiseaux *que* j'ai *entendus* chanter, m'ont ému.	Les vers que j'ai *entendu* déclamer, m'ont ému.
J'ai entendu *qui*? — *Des oiseaux* chantant, qui chantaient.	J'ai entendu *quoi?* — Déclamer des vers.
En parlant d'une femme qui peignait Je *l'*ai *vue* peindre.	*En parlant d'une femme que l'on peignait.* Je l'ai *vu* peindre.
J'ai vu *qui*? — *L'*, cette femme peignant, qui peignait.	J'ai vu *quoi?* — Peindre *l'*, cette femme.

Quand l'infinitif est sous-entendu, la même règle a lieu, comme s'il était exprimé. On dira donc sans accord :

Votre cousin lui a prodigué les bienfaits qu'il a *voulu* (lui prodiguer).

J'ai témoigné à un ami aussi fidèle toutes les marques d'affections que j'ai *dû*.

Ce professeur a lu tous les ouvrages qu'il a *pu*.

Parce que, dans ces exemples, le substantif relatif *que* n'est point le complément du participe, mais il est celui de l'infinitif sous-entendu.

4.° Lorsque le participe passé est suivi des déterminatifs *à* et *de*, il s'accorde avec son complément direct, s'il en est précédé. On dira donc:

Avec l'accord :	Sans l'accord :
L'histoire *que* je vous ai *donnée* à lire, est intéressante.	La question *que* cet écolier a commencé à résoudre, demande beaucoup de réflexion.
Je vous ai donné *quoi?* — Une histoire.	Cet écolier a commencé *quoi? A résoudre.*
Les comptes *que* j'ai *eus* à régler, étaient fort embrouillés.	Les ennemis *que* nous avons *eu* à combattre, étaient en grand nombre.
La passion *que* j'ai long-temps *nourrie* de le disputer à l'antiquité, est éteinte.	Cette entreprise *que* nous avons *résolu* d'exécuter, offre de grandes difficultés.

5.° Le participe passé placé après deux substantifs séparés par le déterminatif *de*, s'accorde en genre et en nombre avec le premier : *Après six heures du jour, employées à l'étude de la grammaire, je me promenai*. Cependant, on dira pour l'harmonie, bien digne d'avoir chez nous quelqu'empire : *Rome vit une grande partie de ses* enfants couverts (et non couverte) *de gloire*.

Nous avons trouvé une foule de braves morts (et non morte) *en défendant leur pays* (1).

6.° Lorsque le participe est suivi d'un autre attribut combiné, employé soit à l'indicatif, soit au conditionnel, soit au subjonctif; le substantif relatif *que*, qui précède le participe passé, est le complément de l'attribut combiné qui le suit.

EXEMPLES:

La lettre *que* j'ai présumé que vous aviez *reçue* avant-hier, ne vous a donc été remise que ce matin.

J'ai présumé que vous aviez reçu *quoi*? — *Une lettre.*

Les couronnes que j'ai cru que vous mériteriez, seront obtenues.

J'ai cru que vous mériteriez *quoi!* — *Des couronnes.*

Les livres que vous n'avez pas voulu que je lui prêtasse.

Vous n'avez pas voulu que je lui prêtasse *quoi*? *Des livres.*

7.° Le participe passé *fait*, suivi d'un infinitif, est invariable, parce que le complément qui le précède est le complément des deux attributs

---

(1) Depuis longtemps on a aussi *décrété* qu'il fallait écrire : *J'ai trouvé une partie du pain mangé*, et non *mangée* (*Sed quot homines, tot sententiæ*). Au premier abord, mon jugement saisit le despotisme de cette opinion, et refuse de s'incliner servilement devant le préjugé. Pourquoi donc, quand l'harmonie n'est point

combinés considérés sous l'aspect d'un seul. Nous dirons donc, en parlant d'une femme : *Je l'ai fait entrer*, *sortir*, *rentrer*, etc. Et en parlant de plusieurs : *Il les a fait tomber*, *revenir*, *pleurer*, etc.

8.° Le participe passé *laissé* est assujetti à la même règle que le participe passé suivi d'un attribut combiné à l'infinitif. Ainsi, l'on dira : *Je les ai laissé partir*, *courir*, *sortir*, etc. *Ces enfants se sont laissé battre. Votre sœur s'est laissé tromper.*

9.° Le mot *en*, placé avant le participe passé, ne le régit jamais.

EXEMPLES :

Notre âme n'est pas devant notre corps, et quelque chose lui manque, lorsqu'elle *en* est séparée (lorsqu'elle est séparée de ce corps).

BOSSUET.

Nous nous en sommes occupés (nous avons occupé nous de cela).

10.° Le participe passé précédé du mot *le* ne varie point, si le mot *le* est substantif indéfini ; mais il varie, s'il est substantif relatif.

---

compromise, violer la règle naturelle? Pourquoi, dans la phrase ci-dessus, multiplier encore les bizarreries dont notre idiôme n'offre malheureusement que trop d'exemples ? Il me semble que ces mots doivent s'expliquer ainsi: *J'ai trouvé, mangée, une partie du pain.* Ici, ce n'est pas le pain tout entier qui est mangé, puisqu'il serait impossible de trouver une partie d'un pain mangé ; c'est-à-dire, d'un pain qui n'existerait plus. Je crois que ceci est clair ; or, si tel est le sens de la phrase, guidé par les seules lumières de la raison, j'écrirai toujours : *J'ai trouvé une partie du pain mangée.*

C'est d'après ces principes que l'on doit écrire :

Sans l'accord :	Avec l'accord :
L'avant-garde n'a point fait éclater autant d'ardeur que vous *l*'aviez *cru*, *pensé*, *imaginé*, etc.	Je viens d'entrer en Russie; long-temps je *l*'ai *crue* belle, je *l*'ai *pensée* riche, je *l*'ai *imaginée* jolie, je reconnais mon erreur.
La générosité de ce conquérant n'est pas aussi grande que nous *l*'avions *entendu* dire.	A peine l'avons-nous entendue parler. FÉNÉLON.

11.° Lorsque les participes *couté*, *valu*, *couru*, sont employés au propre, ils sont neutres, et par conséquent invariables, par la raison qu'un attribut combiné neutre n'a point de complément direct; mais si ces participes sont employés au figuré, ils ont une signification active, et suivent la même règle que les participes passés dont ils tiennent la place.

EXEMPLES :

Sans l'accord :	Avec l'accord :
Je gémis en secret sur les trois louis que cette collation m'a *couté*.	Je connais tous les soins *que* vous a *coûtés* l'éducation de ce fils ingrat.
Les trois postes que nous avons couru, nous ont coûté seize francs.	Voyez-vous cette marque d'honneur *que* m'ont *value* les périls *que* j'ai *courus* à l'assaut.
Cette maison ne vaut plus les trente mille francs qu'elle a *valu* il y a douze ans.	

12.° Lorsque le substantif *peu* précède le participe, le participe s'accorde avec le mot *peu*, si ce mot a un sens totalement négatif, s'il signifie *le manque*, *le défaut*; mais si *peu* signifie une *quantité petite*, *suffisante*, le participe s'accorde avec le substantif qui suit *peu*. C'est d'après ces principes que l'on doit écrire en faisant accorder le participe.

Avec le mot *peu*.	Avec le substantif qui suit *peu*.
Le *peu* de discipline que les chefs ennemis avaient *établi* dans leur camp, nous valut une moisson de lauriers.	Le peu d'*auteurs* de l'antiquité *que* vous avez *lus*, *médités*, *approfondis*, donnent à votre style une couleur mâle.
Le *peu* de confiance *que* j'avais *mis* en cette méthode se trouve *justifié* par l'événement.	Le peu de *connaissances que* vous avez *acquises*, vous fera occuper un rang dans la société.
Le peu d'affection *que* vous lui avez *témoigné*, lui a ôté le courage.	Le peu *d'affection* que vous lui avez *témoignée*, lui a rendu le courage.

ARTICLE VIII.

SURATTRIBUTS.

1.° Les surattributs qui expriment une quantité, demandent le pluriel, quand il s'agit de choses qui se comptent; et le singulier, quand il s'agit de choses qui ne se comptent pas : *Beaucoup de gens sont morts l'an passé. Il y a beaucoup de blé cette année.*

2.° *Plus* et *davantage* ne doivent jamais s'employer l'un pour l'autre. *Davantage* ne peut être suivi ni d'un *attribut*, ni de *que*, ni de *de*. Ainsi, au lieu de : *Ce discours renferme* davantage d'*agréable* que d'*utile*. Dites : *Ce discours renferme* plus d'*agréable* que d'*utile*.

3.° *Si*, *aussi*. Dans le sens négatif, dites : *Il n'est pas* si *heureux que vous*. Dans le sens affirmatif, dites : *Il est* aussi *heureux que vous*.

4.° *Bien des gens* signifie un nombre suffisant. *Beaucoup de gens*, un nombre considérable. *Bien* dit moins que *beaucoup*.

5.° Dites *cet homme-ci*, *cette femme-ci*, et non *cet homme ici*, *cette femme ici*.

6.° Ne confondez pas *mal parler* et *parler mal*; le premier a trait aux discours tenus contre la morale, le second pèche contre les règles de la grammaire.

7.° *Point* est plus négatif que *pas*. *Il ne travaille point*, c'est-à-dire, *jamais*. *Il ne travaille pas*, c'est-à-dire, *présentement*.

8.° Dites : *Hier matin*, *demain matin*, *hier au soir*, *demain au soir*.

9.° *Tout-à-coup*, signifie *soudainement*, *sur-le-champ*; *tout-d'un-coup*, *tout en une fois*.

ARTICLE IX.

DÉTERMINATIFS.

1.° *Au travers* est toujours suivi de *de*; *à travers* ne prend jamais *de*. Ainsi, dites : *Au travers de la vitre*, *à travers la vitre*.

2.° *Autour* veut toujours *de* après lui; *à l'en-*

tour (surattribut) ne le veut jamais : *Tourner autour d'un jardin, roder à l'entour.*

3.° *Il arrivera* en *trois mois*, signifie *il sera trois mois en marche : Il arrivera* dans *trois mois*, signifie *il tardera trois mois à arriver.*

4.° *Il est* en *ville*, signifie : *Il n'est pas au logis* : *Il est* dans *la ville*, signifie *il n'est pas à la campagne.*

5.° Remarquez que 1.° *Il est à la prison*, se dit de quelqu'un qui est allé à la prison, comme on va à l'Eglise. 2.° *Il est en prison*, se dit d'un homme détenu. 3.° *Il est* dans *la prison*, se dit, soit d'un prisonnier, soit d'une personne qui est allée volontairement à la prison.

6.° *Devant* n'est jamais suivi de *que*. Dites : *Avant qu'il vienne*, et non, *devant qu'il vienne.*

7.° Ne confondez point *près de* avec l'attribut qualificatif *prêt*. *Près de* signifie *sur le point de*; *prêt*, signifie *préparé*, *disposé*. *Prêt* est toujours suivi du déterminatif *à*. Ainsi, ne dites pas : *Cette femme* est prêt *de partir*; mais bien : *Cette femme est* prête à *partir*, si elle est préparée, disposée à partir, et *cette femme est* près *de partir*, si elle est sur le point de partir.

ARTICLE X.

CONJONCTIFS.

La plupart des conjonctifs veulent à l'indicatif le verbe ou l'attribut combiné qui les suit; d'autres réclament le subjonctif.

Les conjonctifs qui réclament le subjonctif, sont : *Afin que*, *à moins que*, *avant que*, *au cas que*, *bien que*, *de peur que*, *encore que*, *jusqu'à ce que*, *non pas que*, *pour que*, *pourvu que*, *quoique*, *sans que*, *si ce n'est que*, *soit que*, *supposé que*, etc.

Le conjonctif *que* régit le subjonctif, lorsqu'il est précédé d'un attribut combiné qui marque le doute, le désir, la crainte ou la nécessité. Exemples : *Il faut que vous achetiez cette maison. Je désire que vous remportiez le prix.*

ARTICLE XI.

EXCLAMATIFS.

O désigne l'apostrophe, *ô mon fils! oh !* marque surprise ou affirmation, *oh, oh! dit-il, je saigne*: *Ho!* sert à appeler, à marquer de la surprise, de l'indignation : *Ho! venez ici.*

REMARQUES DÉTACHÉES.

CRI DES ANIMAUX.

L'ABEILLE *bourdonne*, l'âne *brait*, le bœuf *mugit* ou *meugle*, la brebis *bêle*, le chat *miaule*, le cheval *hennit*, le chien *aboie* ou *jappe*, le cochon *grogne*, le corbeau et la grenouille *croassent* ou *coassent*, le lion *rugit*, le loup *hurle*, le serpent *siffle*, l'aigle et la grue *glapissent* ou *trompètent*, les petits chiens et les renards *glapissent*, les pigeons *roucoulent*, la perdrix *cacabe*, la cigogne *craquète* ou *claquète*, le paon *braille* ou *criaille*, la poule-d'Inde et le poulet *piaulent*.

PARTIES COMMUNES DES ANIMAUX.

Nous disons : le *pied* d'un *cheval*, d'un *bœuf*, d'un *cerf*, d'un *chameau*, d'un *éléphant*, d'un *mouton*, d'un *veau*, d'une *chèvre*, d'un *cochon*.

La *patte* des *chiens*, *chats*, *lièvres*, *lapins*, *loups*, *ours*, *singes*, *rats*, *oiseaux*, *mouches*.

Les *ongles* d'un *lion*, les griffes d'un *chat*, d'un *tigre*, les *serres* d'un *aigle*, d'un *vautour*, les *serres* ou les *mains* d'un *épervier*.

La *bouche* du *cheval*, du *chameau*, de l'*éléphant*, la *gueule* du *bœuf*, du *chien*, du *lion*, du *loup*, du *brochet*, du *crocodile*. Le *bec* du *rossignol*, du *chardonneret*, de la *fauvette*, etc.

Le *groin* d'un *cochon*, le muffle d'un *bœuf*, d'un *cerf*, d'un *léopard*, d'un *tigre*, le *museau* d'un *chien*, d'un *renard*.

La *hure* d'un *sanglier*, d'un *brochet*, d'un *saumon*, c'est la tête.

Les *dents* ou les *défenses* de l'*éléphant*, les *défenses* ou les *broches* du *sanglier*, ce sont deux grosses dents crochues et affilées qui sortent de la *gueule*.

Pour éviter un solécisme (1), il faut dire : *Se rappeler cela, quelque chose*, et non, *se rappeler de cela, de quelque chose*. *Participer à une affaire*, c'est y prendre part. *Participer de deux espèces*, c'est être en partie de l'une et en partie de l'autre. *S'efforcer de marcher*, c'est faire des efforts pour marcher. *S'efforcer à marcher*, c'est se fatiguer à force de marcher. *Toucher ses revenus*, c'est recevoir ses revenus. *Toucher à ses revenus*, c'est en dépenser une partie.

On dit : *Sonner la charge, la cloche, du cor; toucher l'orgue*, le *but*, le *piano; jouer* à la *paume*, du *violon*, de tous les instruments ; tous *les jeux de société; jouer* ou *pincer* la *harpe*, la *guitare*.

En terme de civilité et de compliment, on dit : *Je suis votre serviteur*, ou simplement *votre serviteur*. *Je suis votre valet*, ne se dit qu'en riant, quand on refuse de faire ou de croire quelque chose. On dit aussi en ce sens : *Je suis votre serviteur*, ou simplement, *serviteur*.

---

(1) Toute violation des règles de la syntaxe est un solécisme.

Les deux *futurs* et les deux *conditionnels* ne peuvent pas s'employer avec *si* mis pour *supposé que*. Ainsi,

Au lieu de :	Dites :
Les écoliers feront bien leur devoir, s'ils seront bien commandés.	Les écoliers. . . . . . . s'ils *sont* bien commandés.
Ils auront sûrement remporté la victoire, s'ils auront suivi les bons conseils que vous leur avez donnés.	Ils auront sûrement remporté...... s'ils *ont* suivi, etc.
Je serais content, si je vous verrais faire des progrès.	Je serais content, si je vous *voyais*, etc.
J'aurais été content, si je vous aurais vu l'emporter sur vos condisciples.	J'aurais été content, si je vous *avais* vu, etc.

Cependant on peut employer avec *si*, pour *supposé que*, le conditionnel passé formé par *j'eusse* ou *je fusse*. *Il m'eût trouvé chez moi, s'il fût venu à cinq heures du matin.*

Les futurs et les conditionnels s'emploient avec *si*, qui marque doute, incertitude. *Je ne sais s'il viendra. Demandez-lui s'il serait venu avec nous.*

On les emploie également avec *si* mis pour *puisque* : *Si vous seriez fâché qu'on vous calomniât, pourquoi calomniez-vous?*

Au lieu de :	Dites :
Imiter l'exemple de quelqu'un.	Imiter quelqu'un *ou* suivre l'exemple de quelqu'un.
Il a tiré une raie droite.	Il a tiré une ligne droite.
Il s'est placé au centre du rond.	Il s'est placé au milieu du rond.
Il a tiré une raie noire.	Il a tracé une raie noire.
La fête de la naissance de notre Seigneur.	La fête de la nativité de notre Seigneur.

Au lieu de :	Dites :
Il faut s'accoutumer de tout.	Il faut s'accoutumer à tout.
Il faut accoutumer les enfants de faire le bien.	Il faut accoutumer les enfants à faire le bien.
Ils sont accoutumés de la fatigue.	Ils sont accoutumés à la fatigue.
Il a coutume à chanter dans l'Eglise.	Il a coutume de chanter dans l'Eglise.
L'automne a accoutumé à être pluvieux.	L'automne est habituellement pluvieux.
Il a traversé le pont.	Il a passé le pont.
Il a pris cette allée de traversé.	Il a pris cette allée qui traverse.
Il a demandé excuse à son maître.	Il a demandé pardon, *ou* il a fait *ou* présenté ses excuses à son maître.
Il s'est donné des soins pour la réussite de cette affaire.	Il s'est donné des peines pour la réussite de cette affaire.

CINQUIÈME PARTIE.

PONCTUATION.

La ponctuation est l'art de faire connaître, par des signes reçus, les divers sens que nous voulons attacher aux idées que nous émettons en écrivant.

Les signes de ponctuation, sont :

1.° La *virgule* (,) qui marque la plus petite pause, et qui se met après plusieurs substantifs, attributs qualificatifs, attributs combinés et participes qui se suivent. Elle se met aussi devant les conjonctifs.

EXEMPLES:

Ces tonnerres, ces feux, ce bruit épouvantable
Annonçaient à Valois sa perte inévitable.

VOLTAIRE.

Moins vif, moins valeureux, moins beau que le cheval,
L'âne est son suppléant, et non pas son rival.

DELILLE.

Français, Anglais, Lorrains, que la fureur assemble,
Avançaient, combattaient, frappaient, mouraient ensemble.

VOLTAIRE.

À sa coupable audace, à sa noire furie,
Je reconnus l'affreuse Envie.

LAHARPE.

2.° Le *point et virgule* (;) qui sert à distinguer les parties principales d'un assemblage de propositions qui forment un sens unique.

EXEMPLE:

Depuis deux mille ans, on lisait l'Histoire des Romains; on se racontait les merveilles de leur grandeur.

VILLEMAIN.

Le *point et virgule* doit aussi se placer, avant les conjonctifs *mais*, *cependant*, *car*, *parce que*, *savoir*, *c'est-à-dire*, etc.

EXEMPLES:

Oui, la raison se tait; mais l'instinct vous répond.

DE LA MARTINE.

Ces hommes sont devenus immortels comme les dieux eux-mêmes; car nous ne voyons point les dieux en réalité; mais par les honneurs qu'on leur rend et les biens dont ils jouissent, nous jugeons qu'ils sont immortels.

VILLEMAIN.

Le *point et virgule* indique une pause plus longue que celle qui est marquée par la *virgule*.

La *virgule* peut séparer des mots; mais le *point et virgule* ne peut séparer que des propositions.

3.° Les *deux points* (:) qui se placent après une phrase finie, mais suivie d'une autre qui l'éclaircit. Ils marquent une pause encore plus longue que celle du *point et virgule*.

EXEMPLE:

Il ne laissera point l'innocent en oubli :
Espérons et souffrons : tout sera rétabli.

RACINE fils.

Les *deux points* doivent toujours se mettre avant le conjonctif qui lie une proposition conclusive : *Je pense : donc j'existe.*

4.° Le *point* (.) qui se place à la fin des phrases, quand le sens est entièrement fini. Il marque encore une pause plus longue que celle des *deux points*.

EXEMPLES:

Mon âme est à l'étroit dans sa vaste prison :
Il me faut un séjour qui n'ait pas d'horizon.

DE LA MARTINE.

On prétend que Démosthènes l'admirait. Il fut loué par Socrate. Platon en fait un magnifique éloge. Cicéron l'appèle le père de l'éloquence. Quintilien le met au rang des grands écrivains. Denys d'Halicarnasse le vante comme orateur, philosophe et homme d'état.

THOMAS.

5.° Le *point interrogatif* (?) qui se place après une proposition interrogative.

EXEMPLE:

Quels chants sur ces flots retentissent ?
Quels chants éclatent sur ces bords ?

DE LA MARTINE.

6.° Le *point exclamatif* (!) qui se met après une proposition qui marque l'étonnement, la surprise, la crainte, etc., et après les exclamatifs.

EXEMPLE:

Quoi ! le fils du néant a maudit l'existence !
Quoi ! tu peux m'accuser de mes propres bienfaits !

DE LA MARTINE.

7.° Les *points suspensifs* (....) qui se mettent après une proposition dont le sens est suspendu.

EYEMPLE:

De son art enchanteur, ô magique pouvoir !......
Sous ton pinceau vivant.... Douce erreur! On croit voir
Atalante qui court, Mercure qui s'envole :
Il peint le mouvement, et..... presque la parole.

COLIN D'HARLEVILLE.

MODÈLE

D'ANALYSE GRAMMATICALE.

La vie de l'homme est un voyage dans un monde qui lui est totalement inconnu. Lorsqu'il y arrive, il est chargé par la nature de la modifier et de l'embellir; destiner à y paraître peu d'instants, il s'y plaît et s'y attache comme s'il devait y rester toujours.

Le comte DE SÉGUR.

ANALYSE.

La	Attribut déterminatif se rapportant à *vie*.
vie	Substantif commun, féminin singulier, sujet du verbe *est*.
de	Déterminatif simple.
l' pour *le*	Attribut déterminatif se rapportant à *homme*.
homme	Substantif commun, masculin singulier, complément du déterminatif *de*.
est	Troisième personne du singulier du présent de l'indicatif du verbe (être).

un	Attribut déterminatif se rapportant à *voyage*.
voyage	Substantif commun, masculin singulier, complément direct du verbe *est*.
dans	Déterminatif simple.
un	Attribut déterminatif se rapportant à *monde*.
monde	Substantif commun, masculin singulier, complément du déterminatif *dans*.
qui	Substantif relatif, masculin singulier, rappelant l'idée de *monde*, sujet du verbe *est*.
lui	Substantif relatif, masculin singulier, rappelant l'idée d'*homme*, complément direct du verbe *est*.
est	Troisième personne du singulier du présent de l'indicatif du verbe (être).
totalement	Surattribut.
inconnu.	Attribut qualificatif se rapportant à *monde*.
Lorsqu' pour *lorsque*	Conjonctif simple.
il	Substantif relatif, masculin singulier, rappelant l'idée d'*homme*, sujet de l'attribut combiné *arrive*.
y	Surattribut.
arrive:	Troisième personne du singulier du présent de l'indicatif de l'attribut combiné neutre *arriver*.
il	Substantif relatif, masculin singu-

	lier, rappelant l'idée d'*homme*, sujet de l'attribut combiné *est chargé*.
est chargé	Troisième personne du singulier du présent de l'indicatif de l'attribut combiné passif *être chargé*.
par	Déterminatif simple.
la	Attribut déterminatif se rapportant à *nature*.
nature	Substantif commun, féminin singulier, complément du déterminatif *par*.
de	Déterminatif simple.
la	Substantif relatif, féminin singulier, rappelant l'idée de *vie*, complément direct de l'attribut combiné *modifier*.
modifier	Attribut combiné actif, au présent de l'infinitif.
et	Conjonctif simple.
de	Déterminatif simple.
l' pour *la*	Substantif relatif, féminin singulier, rappelant l'idée de *vie*, complément direct de l'attribut combiné *embellir*.
embellir;	Attribut combiné actif, au présent de l'infinitif.
destiné	Participe passé de l'attribut combiné *destiner*, se rapportant à *homme*.
à	Déterminatif simple.
y	Surattribut.
paraître	Attribut combiné neutre, au préde l'infinitif.

peu	Surattribut.
d' pour *de*	Déterminatif simple.
instants,	Substantif commun, masculin pluriel, complément du déterminatif *de*.
l	Substantif relatif, masculin singulier, rappelant l'idée d'*homme*, sujet de l'attribut combiné *se plaît*.
s' pour *se*	
y	Surattribut.
se plaît	Troisième personne du singulier du présent de l'indicatif de l'attribut combiné réfléchi indirect *se plaire*.
et	Conjonctif simple.
s' pour *se*	
y	Surattribut.
se attache	Troisième personne du singulier du présent de l'indicatif de l'attribut combiné réfléchi direct *s'attacher*.
comme	Conjonctif simple.
s' pour *si*	Conjonctif simple.
il	Substantif relatif, masculin singulier, rappelant l'idée d'*homme*, sujet de l'attribut combiné *devait*.
devait	Troisième personne du singulier de l'imparfait de l'indicatif de l'attribut combiné actif *devoir*.
y	Surattribut.
rester	Attribut combiné neutre, au présent de l'infinitif.
toujours.	Surattribut.

FIN.

TABLE

DES MATIÈRES.

PREMIÈRE PARTIE.

QUATRIÈME PARTIE. Syntaxe.

CINQUIÈME PARTIE. Ponctuation.

FIN DE LA TABLE.

LILLE,

IMPRIMERIE DE MARTIN-MUIRON.

www.ingramcontent.com/pod-product-compliance
Lightning Source LLC
Chambersburg PA
CBHW072100090426
42739CB00012B/2823

* 9 7 8 2 0 1 3 7 4 1 4 0 8 *